Izzo's Marseille

Jean-Claude Izzo
Izzo's Marseille

Aus dem Französischen von
Katarina Grän und Ronald Voullié

Mit Fotografien von Edwin Gantert

Unionsverlag

Die genauen Quellennachweise befinden sich
am Schluss des Bandes.

Im Internet
Aktuelle Informationen,
Dokumente, Materialien
www.unionsverlag.com

Rieterstrasse 18, CH-8027 Zürich
Telefon 0041-1-281 14 00, Fax 0041-1-281 14 40
mail@unionsverlag.ch

Umschlagfoto und Fotos im Textteil: Edwin Gantert
Umschlaggestaltung: Heinz Unternährer, Zürich
Druck und Bindung: GGP Media, Pößneck
ISBN 3-293-00310-9

Inhalt

Reise nach Marseille

Fast eine Liebesgeschichte

Antoine überreichte Laure lächelnd einen dicken Umschlag. Die Gesichter um sie herum waren verschlossen. Grau wie der Himmel, der Asphalt, die Häuser und sogar die Straßen, deren Gewirr die Blicke gefangen nahm.
»Ein Geschenk«, sagte er.
Mit zittrigen Fingern riss sie den Umschlag auf. War ungeduldig, wollte sogleich wissen, was drin war. Er liebte ihre Ungeduld. Ihre Begierde, das Leben zu verschlingen.
»Das hab ich mir gedacht!«, rief sie und warf sich an seinen Hals. Sie lachte. Die Freude. Die Aufregung. Die bestätigte Gewissheit. »Das hab ich mir gedacht«, wiederholte sie.
Er drückte sie an sich. Laures glücklicher, vor Freude glänzender Blick heftete sich an seine Augen. Dann küsste sie ihn. Für dieses Geschenk, auf das sie sich so sehr gefreut hatte. Zwei Flugtickets nach Marseille, und eine Reservierung für ein Hotel. Das *Sofitel Vieux-Port.*
»Das einzige«, wie er ihr im Flugzeug erklärte, »von dem aus man Marseille voll überblicken kann. So, als ob man vom Meer ankommen würde.« Natürlich hatte er ein Zimmer mit Terrasse ausgesucht und an nichts gespart. Denn er wollte, dass diese Marseille-Reise wunderschön würde.
Laure kannte Marseille nur mit Antoines Augen. Sie hatte diese Stadt ins Herz geschlossen wie den Mann, den sie vor knapp einem Jahr getroffen hatte. Sie kannte Italien und Spanien. Griechenland. Kenia und Ägypten. Und Saint-Malo, Paris und La Grande-Motte. Sowie noch einige andere Städte, in die die aufeinander folgenden Umzüge ihrer

Eltern sie geführt hatten. Aber Marseille war ihr unbekannt. Wie eine Enklave, die man meidet. Bevor sie Antoine kennen gelernt hatte, hätte sie sich niemals träumen lassen, dass man in dieser Stadt Ferien machen oder auch nur ein Wochenende verbringen könnte.

Sie hatten vier Tage vor sich.

Am Abend ihrer Ankunft, angesichts dieser Stadt, die sie endlich entdeckte, sagte Antoine zu ihr: »Weißt du, Marseille muss man in sich eindringen lassen.«

Wie oft hatte er ihr schon von der Morgendämmerung erzählt, die sich hinter den Hügeln erhob? Von diesem Moment, in dem die Luft transparent wird und in dem wie durch ein Wunder die Dächer blau und das Meer rosa werden. Oder umgekehrt. Laure wusste es in diesem Augenblick nicht mehr. Sie hatte sich gegen Antoine gelehnt, ihren Arm um seine Taille gelegt, und ihre Blicke klammerten sich an die Lichter der Stadt. Gegenüber vom Alten Hafen.

»Dort, links von dir, liegt das Fort Saint-Jean. Ich liebe es. Es ist so schön in der Sonne. Dort hinten, der Glockenturm, der Clocher des Accoules. Da werden wir morgen hingehen. Vor dir, die Canebière. Rechts von dir wurden früher die Fische versteigert, und dort, ganz oben, die Abtei Saint-Victor ...«

Die Minuten verstrichen. In voller Stille. Und Laure dachte: »Die Stille passt zur Schönheit.«

Die Stille dieses Augenblicks.

Dann kam der Trubel. Die Überschwänglichkeit Marseilles sprang ihr an die Kehle. Man redete laut, lachte und schrie bei jeder Gelegenheit und duzte sich im Konzert der Auto-

hupen. Antoine wollte sie überallhin führen, ihr alles zeigen. Vier Tage. Eine ganze Stadt. Ein Geschenk.
Auf der Place des Moulins im Panier – dem Altstadtviertel in der Nähe des Alten Hafens – entdeckte sie, dass Marseille eine Stadt voller Hügel war. Antoine hatte sie die Stufen der Montée des Accoules hinaufsteigen lassen.
»Nur wenn man umhergeht, wenn man flaniert, wird man sich bewusst, dass man hier ständig aufwärts geht, hinabsteigt und wieder hinaufgeht.«
Bis zu diesem Morgen, diesem ersten Morgen, hatte Laure geglaubt, dass es nur einen einzigen Hügel gäbe, nämlich den, auf dem Notre-Dame-de-la-Garde thronte. Die Gute Mutter der Marseiller. Die tagsüber unter der Sonne glänzte und nachts unter den *sunlights*. Wie ein ewiges Licht.
»Ja«, sagte Antoine, »Marseille badet wollüstig in den Perspektiven.«
Er hörte nicht auf zu reden, zu erklären. Laure hörte ihm zu. Diese Stadt versetzte sie in Erstaunen. Antoine auch. Diese Stadt, seine Stadt, ließ ihn aufblühen. Er, der sonst immer so zurückhaltend, so schweigsam und ruhig war, wurde geradezu geschwätzig und geriet ins Schwärmen. Eines Abends, schon vor einigen Monaten, in einem indischen Restaurant, in dem sie sich gern trafen, hatte sie ihm vorgeworfen, voreingenommen zu sein, als er wieder von Marseille erzählte. Ihn sogar als Lokalpatriot bezeichnet. Um ihn zu provozieren, und weil sie sich im Restaurant gern ein bisschen zankten.
Antoine hatte ihr etwas Wein nachgeschenkt, und nachdem sie angestoßen hatten, hatte er lächelnd geantwortet: »Nein, Laure, ich bin kein Lokalpatriot. Ich komme aus dieser Stadt, das ist alles. Wie alle Marseiller habe ich eine ver-

mischte Herkunft. Und wie alle hier interessiert mich meine Herkunft nur wenig. Väterlicherseits bin ich italienischer Abstammung, die Familie meiner Mutter kommt aus Spanien. Und auf beiden Seiten gibt es bestimmt einen arabischen Einschlag. Ich bin im Panier geboren worden. Und genau da komme ich her, das ist alles. Das ist meine Identität, meine Kultur. Und auch meine Sprache.«
Er hatte auch noch hinzufügen wollen: »Marseille ist auch meine Moral.« Es dann aber doch nicht getan. Laure hatte zärtlich ihre Fingerspitzen auf seine Hand gelegt.
Deswegen hatte er sie heute hierher gebracht. Ins Panier. In diesen Stadtteil, den schon die Deutschen gern platt gewalzt hätten. In dem sein Vater mit seiner Schwester und seinem jungen Bruder Zuflucht gefunden hatte. In dem seine Mutter zur Welt gekommen war. In dem er, Antoine, aufgewachsen war. Er wollte, dass Laure das alte Herz von Marseille schlagen hörte. Ein Herz, das alle Sprachen der Welt sprach. Die Sprachen des Exils.
Und Laure erinnerte sich an jenen Abend im Restaurant. Er hatte seine Finger mit ihren verschlungen und einfach hinzugefügt: »In Marseille wirst du es schon sehen, dort wirst du verstehen, es gibt bestimmte Tagesstunden, an denen man sich fühlt wie sonst nie: aufrecht stehend, in der Mitte zwischen Licht und Meer. Das ist eine Art, sich wieder zu sagen, warum man hier und nicht anderswo ist, warum man hier und nicht anderswo lebt.«
Nun war dieser Tag gekommen.
Laure spürte, wie die Stadt sie einnahm. Mit der gleichen Sanftheit wie Antoines Hände auf ihrem Körper. Sie hatte Lust, dass er sie gleich hier nahm, in einer der engen Gassen,

die von Geschichte, Gelächter, Schreien und Tränen erfüllt waren. In diesen Straßen, deren Namen sie in Erstaunen versetzten: Rue du Refuge, Rue de Lorette, Rue des Pistoles, Rue du Petit-Puits ...
An der Place de Lenche wurden sie von einem heftigen Gewitter überrascht, und sie flüchteten sich in ihr Hotel. Klatschnass und lachend wie kleine Kinder. Ihre erste Siesta in Marseille.

Die Tage vergingen, ohne dass sie den Stunden Einhalt gebieten konnten. Laure kehrte fix und fertig zurück. Ihre Beine waren völlig erledigt. Niemals zuvor war sie so viel in einer Stadt umhergegangen.
Antoine hatte sie in die Rue d'Aubagne geführt. Wieder eine Straße, die steil anstieg. Kurz nachdem sie von der Rue Longue-des-Capucins geschnitten wurde. Die Straße des Orient-Marktes.
»Man hat einmal gesagt«, sagte er schmunzelnd, »dass man in dieser Straße nicht den Duft der Provence riecht. Und das ist wirklich wahr! Hier riecht es nach den Häfen des Mittelmeers, Asiens und Afrikas. Die Gerüche des ewigen Marseille. Ich habe schon immer diese Gerüche gespürt.«
Er wollte, dass sie all das aufsog, zumindest einmal. Bevor sie wieder zurückfuhren. Das hatte Antoine sich vorgenommen. Und dass sie sich, wie er, den Kopf von den Gewürzen verdrehen ließ. Dass sie sich Zeit nahm, mit den Verkäufern zu reden, die alle vom anderen Ufer des Mittelmeers stammten. Dass ihre Augen alle fernen Gegenden der Welt aufnahmen. Wo sie bestimmt eines Tages hingehen würden, indem sie den alten Meereswegen Marseilles folgten.

Diese Straße war wie die Rue d'Aubagne, oben links, bevor man zur alten Delacroix-Markthalle kam, immer wie eine Reise durchs Mittelmeer, von Istanbul nach Tanger.
»Dort spürt man«, hatte er begeistert gesagt, »ich sage absichtlich spüren, Laure, spüren, dass die beiden Ufer seit Jahrhunderten miteinander sprechen. Und siehst du, wenn man das einsieht, wenn man begreift, dass Marseille ebenso orientalisch ist, wie Beirut lateinisch ist, dann wird für den verwirrten Reisenden das scheinbare städtebauliche Durcheinander dieser Stadt glasklar. Wenn in einem das Glücksgefühl aufsteigt, hier zu sein, für einen Tag, für eine Woche oder einen Monat. Für immer, vielleicht. Sag, spürst du das, Laure?«
Bei so viel Überschwänglichkeit hatte sie Lust bekommen zu lachen. Aber die letzten Worte Antoines hatten sich in ihrem Geist, in ihrem Herzen festgesetzt. »Für immer, vielleicht.« Das klang in ihr wie eine Einladung, hier zu leben, sie und er. Wie eine Liebeserklärung. Diese Worte, die sie sich nie sagten, nicht einmal, wenn sie sich wie verrückt liebten. Aus Furcht, dass die Worte der Liebe sich verflüchtigen und verlieren könnten. Und sie mit diesen Worten.
Sie hatte ihn bei der Hand genommen, um die Rue d'Aubagne hinaufzusteigen. Bis zur Place Notre-Dame-du-Mont. Und sie wiederholte in ihrem Kopf: »Für *immer, vielleicht.*« Sie musste bei dieser Zusammenstellung von Wörtern lächeln, immer und vielleicht. Das war typisch für Antoine.
»Was bringt dich zum Lächeln?«
»Du. Marseille. Wir. Wir, hier.«
Sie hatte nicht gewagt zu sagen: »Wir, für immer, vielleicht.« Sie hätte es tun sollen.

Das Beste von Marseille hatte er sich für den letzten Tag aufgehoben. Er hatte Laure das Wesentliche gezeigt. Das Wichtigste lag weniger als eine halbe Stunde von der Stadtmitte entfernt. Les Goudes, Callelongue. Am Ostrand der Stadt.

Sie nahmen einen Bus und folgten dem Meer. Nachdem sie am Strand Les Catalans, am Vallon des Auffes, an Malmousque und der Fausse-Monnaie-Brücke vorbeigekommen waren, öffnete sich die Bucht von Marseille vor ihnen. Gewaltig, schön.

»Das ist sicher die schönste Bucht nach der von Neapel«, hatte er stolz gesagt. Zum ersten Mal.

»Sei still!«, hatte Laure geantwortet und seine Hand gedrückt.

Denn seine Augen kehrten nicht zu Laure zurück. Nach Madrague de Montredon ließ der karge, weiße Fels sie zweifeln, ob sie überhaupt noch in Marseille war, im 6. Arrondissement der zweitgrößten Stadt Frankreichs, wie Antoine nicht zu präzisieren verfehlte.

Kurz vor der Endstation, in Callelongue, blieben sie vor einer Orientierungstafel stehen, die dem Archipel der Riou-Inseln gegenüberlag. Die ewige blaue Weite des Mittelmeers.

Hier endete der überschwängliche Lärm der Stadt. In dieser Landschaft, die den Äolischen Inseln ähnelte. Die Stille, die sie überfiel und die kaum vom Töff-Töff der vom Meer zurückkehrenden Boote gestört wurde, war geradezu mit den Händen zu greifen. Salz und Jod. Laure und Antoine setzten sich hinter einen Angler, der seine Grundangel ausgeworfen hatte, und vergaßen die Zeit.

Jene Zeit, die ihnen zugemessen war.

Antoine hüllte sich in Schweigen. Und nun war es Laure, die sprechen wollte. Sagen, ihm sagen, was ihr an Marseille gefallen hatte. Seine Wahrhaftigkeit. Die sich in Begriffen der Sonne und des Meeres ausdrückte. Ihre Augen liebkosten sich, in der innigsten Zärtlichkeit, in der Bitterkeit und die Größe von Träumen mitschwingen. Das war zweifellos der Blick, den auch Penelope und Odysseus ausgetauscht hatten, als sie sich trennten.
Und das war alles. Den Kopf voller Pläne kehrten sie zurück. Und sie versprachen sich, bald wiederzukommen.

Laure lebte heute in Marseille, auf einem der Hügel, die Antoine sie hatte entdecken lassen. Mit einem anderen Mann. Wie und warum hatten sie sich eines Tages getrennt? Nur das Leben wusste die Antwort darauf. Das Leben und die Liebe, die ihre Geheimnisse bewahrten. Marseille hatte das neue Glück von Laure aufgenommen. Und das Leid von Antoine. Seine verrückte Hoffnung, dass sie zu ihm zurückkehren würde.
Wenn Laure allein oder mit ihrem neuen Freund durch die Straßen spazierte, ließ sie oft in sich Antoines Stimme aufsteigen. Und jene Worte von Albert Camus, die er so gern zitierte: »Es sind oft die geheimen Vorlieben, die man mit einer Stadt teilt.« Das hatte sie von ihm bewahrt. Dieses Geschenk.

Stadt des Lichts und des Windes

Ein erster Spaziergang

Von Juli bis September machte Marseille sich zum Geschenk. Der schöne Sommer dauerte an. Auf den Straßen, wo es laut und überschwänglich wie in allen Städten des Südens zuging, hatte man die heftigen Waldbrände vom August in Septèmes-les-Vallons, Rove und Allauch und die unterschwellige Furcht, das Feuer könne in die Stadt eindringen, vergessen. Olympique Marseille würde heute Abend gegen Bordeaux spielen. In Bordeaux. Um zwanzig Uhr würden sich die Stadtteilbars mit Fans füllen. Hier sah man sich die Spiele gern in einer Bar an. Ein oder zwei Fernseher, je nach Bar. Manche kamen sogar mit Frau und Kindern. Ein Stück Pizza, ein Bier, und neunzig Minuten auf den Sieg des Vereins hoffen. Jede Bar wurde zu einem kleinen Stadion, und jeder konnte, abgesehen von Paris-Saint-Germain, wenn er von woanders kam oder einfach nur auf der Durchreise in der Stadt war, seine Unterstützung für die gegnerische Mannschaft zum Ausdruck bringen. Allerdings in ganz bestimmten Grenzen, wie sich versteht. Man hatte ja schließlich seine Ehre!

Zur Stunde badet man am Alten Hafen, auf der Terrasse des Samaritaine, bis zur letzten Minute und unbeschwert wie immer im herrlichen Herbstlicht, das seit fünf Uhr nachmittags vom Himmel fließt. Man versteht nichts von dieser Stadt, wenn man keine Empfindung für ihr Licht hat. Es ist wie mit den Händen zu greifen, selbst in den Stunden, in denen es glühendheiß ist. Wenn es vergisst, die Augen zu schließen. Marseille ist die Stadt des Lichts. Und des Windes. Der berühmte Mistral, der sich oben in den Straßen verfängt und bis zum Meer alles beiseite fegt. Bis aufs Meer bei Pomègues und Ratonneau, bis zu den Frioul-Inseln. Bis hinter Planier, dem heute erloschenen Leuchtturm, der zur Tauchschule umgewandelt worden ist und der allen Seeleuten anzeigte, dass Marseille in Reichweite war und dass seine Frauen, ob Huren oder nicht, sie die Leidenschaft für das Meer und ferne Inseln vergessen lassen würden. Eigentlich kann man Marseille nur so lieben: Wenn man vom Meer kommt. In der Morgendämmerung. Wenn die Sonne hinter dem Massiv von Marseilleveyre aufgeht, seine Hügel glutrot färbt und seinen alten Steinen einen rosigen Schimmer verleiht. Dann sieht man Marseille, wie Protis, der Phokäer, es entdeckt hat. Und was kümmerts, dass es übertrieben ist, so etwas zu sagen. Marseille übertreibt immer. Das ist sein Wesen. Und im Wesentlichen hat sich seit dem Tag nichts geändert. Man braucht einfach nur mit der Fähre aus Korsika anzukommen, um an diese Geschichte anzuknüpfen. Oder, noch einfacher, von einer Nacht zurückzukehren, in der man bei L'Estaque geangelt hat. Wenn die Reede einen in ihre Arme schließt, dann und nur dann entdeckt man den ewigen Sinn dieser Stadt. Der Empfang. Denn Marseille gibt sich ohne Widerstand denjenigen hin, die es zu nehmen und zu lieben verstehen. Marseille ist ein Mythos. Das ist es, aber man muss es sehen können. Mit ihm eins werden. Ansonsten ist es genauso hohl und nichts sagend wie anderswo. Man könnte sogar sagen, dass die Stadt aussieht wie die gefärbten Blondinen, die man auf ihren Straßen trifft. Sie geben nur zu erkennen, was sie nicht sind. Die Second-Empire-Eitelkeiten des kolonialen

Reichtums des Pharo-Palastes, der seine Augen genießerisch über die Bucht und die Stadt schweifen lässt, und des Palais Longchamp, der sich darüber erhebt, aber dessen zum Meer führende Avenue sich in einem Gewirr von allseits vergessenen Gassen verliert. Die Nutzlosigkeit der Renovierung und Sanierung des Grands-Carmes-Viertels, des alten Panier-Viertels, in dem die neue Ockerfarbe der italianisierten Fassaden versucht, die antiken Wurzeln der Stadt vergessen zu lassen, also alle griechischen und somit tragischen Spuren, die unter Tonnen von Beton begraben wurden, um Geschäftszentren und Parkhäuser mit Namen, die jede maritime, orientalische und abenteuerschwangere Träumerei verflüchtigen, zu bauen. Charles de Gaulle gegen Pytheas. Und dennoch war es Pytheas, der die Geografie erschütterte, indem er den nördlichen Polarkreis entdeckte, und der gegenüber Strabo Recht hatte. Wahrscheinlich deshalb ist die Ausgrabungsstätte hinter dem Geschäftszentrum an der Börse, zwei Minuten vom Alten Hafen, der traurigste Ort in ganz Marseille. Hier, angesichts einiger Steinhaufen und Trümmer von griechisch-römischen Befestigungen, verliert sich das Gedächtnis der Stadt. Man hat die Schönheit in die Verbannung geschickt. Die Griechen, auf die die Marseiller sich berufen, hätten für sie zu den Waffen gegriffen. Die Schönheit Helenas. Verbittert nimmt man daher lieber die Fähre. Die *Marius.* Die weiterhin den Ruhm von Pagnol und Raimu verbreitet. Um erneut, indem man vom Quai de la Mairie zum Quai de Rive-Neuve fährt, den Versuch zu machen, diese Stadt zu verstehen. Atypisch ist nicht das richtige Wort. »Ein bisschen daneben« ist genauer. Wie der Bahnhof Saint-Charles. Mit

BAR
COSMOLAND
PARFUM COSMETIQUE ART de la TABLE

seinen monumentalen, der Stadt zugewandten Treppen. Und mit seiner großartigen Fassade, die auf den Hafen, das Meer, in Richtung Orient blickt. Die Überfahrt ist kurz. Von der Place de la Mairie zur Place aux Huiles. Dort, am Kai, thront die Statue von Vincent Scotto, der die einfachen Leute von Marseille besang und zum Singen brachte. Man kann die Fahrt noch einmal machen. In die entgegengesetzte Richtung. Wenn man zwischen den beiden Kais die Augen mal aufs Meer, mal auf die Canebière richtet, dann enthüllt sich diese Stadt. Man begreift endlich, dass man sich von ihr tragen lassen muss, von ihren Straßen, von ihren Hügeln, die, nun ja, derartig bebaut sind, dass man vergisst, dass Marseille aus Hügeln besteht, die sanft zum Meer hinabfallen. Wer von denen, die in Marseille ankommen und die Rue de la République mit ihren Haussmann'schen Gebäuden entlanggehen – sie beginnt am Alten Hafen und führt zum Handelshafen am La-Joliette-Platz –, kann sich vorstellen, dass sie von den Stadtplanern von Napoleon III. durch einen Hügel geschlagen wurde? Den Carmes-Hügel. Bestimmt keiner. Nur wenn man durch diese Stadt geht, in ihr flaniert, bemerkt man, dass man ständig aufwärts, abwärts und wieder hinauf geht. Bis zu dem Moment hatte man gedacht, dass es nur einen einzigen Hügel gibt, den, auf dem sich Notre-Dame de la Garde erhebt. Die Gute Mutter, die tagsüber in der Sonne und nachts unter den Scheinwerfern glänzt. Wie ein ewiges Licht. Ja, Marseille spielt mit Perspektiven. Man muss ganz schön klettern, um auf den Carmes-Treppen zum alten Panier-Viertel hinaufzusteigen. Auf der Place des Moulins angekommen, entdeckt man, dass man sich auf gleicher

Höhe mit dem Bahnhof Saint-Charles befindet, höher als die Réformés-Kirche oberhalb der Canebière, und genauso hoch wie die Place Jean-Jaurès, genannt La Plaine, die Ebene. Und man kann sich vorstellen, dass man von den hübschen kleinen Häusern, die diesen Plätz säumen, das Meer sehen kann, und zwar nach beiden Seiten. Die Deutschen hätten dieses Viertel 1943 am liebsten abgerissen, weil sie es wegen der engen Gassen nicht kontrollieren konnten. Wenn man durch die Straßen von Lorette, Panier oder Refuge wieder hinuntergeht, sieht man, wie die Häuser mit ihren Terrassen rivalisieren, die manchmal sogar mit hastig angebrachten roten Dachziegeln versehen sind. Hier gibt es die Tagesstunden, zu denen man sich gern folgendermaßen fühlt: aufrecht stehend, auf halber Höhe zwischen Licht und Meer. Dann kann man sich wieder sagen, und jeder Marseiller wird einem das erklären, warum man hier und nicht anderswo ist, warum man hier und nicht anderswo lebt.

Wenn man durch das Panier-Viertel schlendert, spürt man, wie das Herz von Marseille schlägt. Ein Herz, das alle Sprachen der Welt, die Sprachen des Exils spricht. Es ist sicher kein Zufall, dass Pierre Puget, Architekt und verkannter Maler, das schönste Gebäude dieser Stadt gebaut hat: die Charité (die alte Charité, wie die Marseiller sagen). Aus Liebe zu seinem Geburtsviertel. Sicher deshalb hat dieses Viertel der Renovierung widerstanden und sich geweigert, zum Montmartre von Marseille zu werden, wie es eigentlich vorgesehen war. Gewiss, das Viertel ist schöner geworden. Und alle freuen sich darüber. Aber diejenigen, die dort leben, wollen unbewusst seine lange Geschichte fortsetzen.

»Das war schon immer so«, wird man einem in jedem Café erklären.

Zum Beispiel im *Treize Coins*. Und falls man nicht begriffen hat, hinzufügen: »Geht es uns nicht gut dabei, mein Lieber?« Auf diesem anderen Hügel, La Plaine, in den Nebenstraßen vom Cours Julien, die auch renoviert und saniert wurden, ist entstanden, was man eigentlich im Panier haben wollte. Aber Achtung, auch das ist kein Montmartre. Das ist Marseille, nur etwas anders. Neben Bars und Restaurants findet man die Boutiquen der Marseiller Modemacher, Kunstgalerien und Antiquariate neben Jazz-, Blues- und Ragga-Schuppen. Aber zwei Schritte weiter hat die Place Notre-Dame-du-Mont ihre Gewohnheiten nicht verändert. Ein volkstümlicher und beliebter Platz, der die Hektik zu ignorieren scheint, die den Cours Julien jeden Mittag befällt. Auch von hier kann man ganz Marseille überschauen. Ein Blick in die Rue Estelle, die steil hinabführt, und dann weiter die sanfte Steigung auf der anderen Seite hinauf. Zum Cours Julien sollte man übrigens durch die Rue d'Aubagne hochgehen. Nachdem man die Rue Longue-des-Capucins überquert hat. Die Straße mit dem Orient-Markt. Man hat gesagt, dass es hier nicht nach Provence riecht. Und das ist richtig. Hier riecht es nach den Häfen des Orients. Die Gerüche des ewigen Marseille. Das muss man einfach einmal einatmen. Sich den Kopf verdrehen lassen von den Gewürzen und der Schönheit der Frauen, die hier einkaufen gehen. Sich die Zeit nehmen, mit den Verkäufern zu reden, die alle vom anderen Mittelmeerufer stammen. Diese Straße ist, wie die Rue d'Aubagne, oben links, bevor man zur alten Delacroix-Halle kommt, wie eine Reise durchs Mittelmeer, von Istanbul nach Tanger. Hier spürt man – ich sage bewusst *spüren* –, dass die beiden Ufer sich schon seit Jahrhunderten gegenseitig antworten. Erst wenn man einsieht, dass Marseille ebenso orientalisch ist, wie Beirut lateinisch ist, wird für den verwirrten Reisenden das scheinbare städtebauliche Durcheinander dieser Stadt aufhören. Wenn in ihr und in einem selbst das schlichte Glücksgefühl aufsteigt, einen Tag, eine Woche oder einen Monat dort zu sein. Für immer, vielleicht. In diesem Moment wird man das Meer entdecken. Und die Bucht. Riesig, schön. Zweifellos die schönste, nach der von Neapel. Dann wird man begreifen, warum Cézanne sich beim Malen in L'Estaque die Augen verdorben hat. Warum Rimbaud zum Sterben hierher gekommen ist, am Ende der Reise, nachdem er sich von der Poesie und den Menschen gelöst hatte. Warum gestern wie heute die wahre Reise nur hier beginnen kann. Marseille bleibt das Tor zum Orient. Wenn man dem Meer folgt, entdeckt man Stadtteile und Dörfer mit romantischen und romanhaften Namen: Les Catalans, Le Vallon-des-Auffes, Malmousque, die Fausse-Monnaie-Brücke, Le Prophète ... Die Ecken und Winkel Marseilles erstrecken sich bis zur Impasse des Muets, bis zu dem kleinen Hafen von Callelongue. Die Augen können es gar nicht fassen. Wenn man an Madrague de Montredon, dem weißen, trockenen Felsen, vorbeigekommen ist, hat man Zweifel, ob man noch in Marseille ist, im 8. Arrondissement der zweitgrößten Stadt Frankreichs. Weil man sich verlaufen hat, ist man geradezu gezwungen, an der Orientierungstafel stehen zu bleiben, die dem Archipel der Riou-Inseln gegenüberliegt. Die ewige blaue Weite des Mittelmeers. Hier endet der überschwängliche Lärm der Stadt. In dieser Landschaft, die den Äolischen Inseln ähnelt. Die Stille, die einen überfällt und die kaum vom Töff-Töff der vom Meer zurückkehrenden Boote gestört wird, ist geradezu mit den Händen zu greifen. Salz und Jod. Da man wieder einmal vergessen hat, die Wanderschuhe mitzunehmen, wird man sich leise auf einen Felsen setzen, hinter einem Angler, der seine Grundangel ausgeworfen hat. Die Zeit steht still. Das heißt, man hat wirklich alle Zeit für sich. Vielleicht überraschen Sie den Angler, wie er mit den Fischen spricht. Vielleicht überraschen Sie sich selbst dabei, wie Sie mit lauter Stimme Ihre von anderswo kommenden Träume heraufbeschwören. Odysseus wird zur Realität. Und Sie werden stolz sein, das wahrgenommen zu haben. Wenn man dann in die Innenstadt zurückkehrt, nachdem man am Hafen von Les Goudes eine Pizza gegessen hat, wird man sich die Wahrheit von Marseille erschlossen haben. Sie liegt in der Sonne und im Meer. Sie ist im Herzen spürbar durch eine Art Fleischlichkeit, die ihre Bitternis und ihre Größe ausmacht. Aus Algier wird man dann die Stimme von Albert Camus in sein Ohr flüstern hören: »Es sind oft die geheimen Vorlieben, die man mit einer Stadt teilt.«

Meine Stadt ist eine offene Tür

Marseille als Identität, Kultur und Moral

Ich bin in Marseille geboren. Mein Vater ist italienischer Herkunft, meine Mutter stammt aus Spanien. Ich bin also die Frucht einer dieser Begegnungen, deren Geheimnis zu dieser Stadt gehört. In Marseille geboren zu werden, ist niemals ein Zufall. Marseille ist schon immer der Hafen der Exilanten gewesen, der mediterranen Exilanten, aber auch der Exilanten aus unseren ehemaligen Kolonien. Wer hier eines Tages im Hafen an Land geht, ist zwangsläufig zu Hause. Woher man auch kommt, in Marseille ist man zu Hause. Auf den Straßen begegnet man vertrauten Gesichtern, vertrauten Gerüchen. Marseille ist einem vertraut. Vom ersten Augenblick an.

Deshalb liebe ich diese Stadt, meine Stadt. Sie ist schön wegen dieser Vertrautheit, die wie das von allen geteilte Brot ist. Sie ist schön wegen ihrer Menschlichkeit. Alles andere ist reiner Lokalpatriotismus. Schöne Städte mit schönen Bauwerken gibt es in Europa zuhauf. Schöne Reeden, schöne Buchten und herrliche Häfen gibt es überall auf der Welt. Ich bin kein Lokalpatriot. Ich bin Marseiller. Das heißt, ich bin von hier, leidenschaftlich, und zugleich aus allen fernen Gegenden. Marseille ist meine Weltkultur. Meine erste Welterziehung.

Marseille lebt durch diese alten Schifffahrtsrouten zum Orient, nach Afrika und dann nach Nord- und Südamerika, durch diese Routen, die für einige von uns real sind, für die meisten anderen aber nur ein Traum – ganz gleich, wo man hingeht. Marseille ist ein Reisepass. Wenn ich in der

Ferne bin, und das kommt öfter vor, denke ich an Marseille, ohne Nostalgie. Aber mit demselben Gefühl wie für eine geliebte Frau, die man für die Zeit einer Reise zurücklässt und die man immer mehr wiedersehen möchte, je mehr die Tage vergehen.

Ich glaube an das, was ich auf den Straßen von Marseille gelernt habe und was mir auf der Haut klebt: die Aufnahme, die Toleranz, die Respektierung des anderen, die unverbrüchliche Freundschaft und Treue, dieser wesentliche Bestandteil der Liebe. Um den Filmemacher Robert Guédiguian, meinen Freund in L'Estaque, zu paraphrasieren, möchte ich sagen: »Marseille, das ist meine Identität, meine Kultur und meine Moral.« Wenn ich diese Sprache des »zu Hause« spreche, erfinde ich erneut jene Sprache, welche Gyptis, die keltisch-ligurische Prinzessin, und Protis, der Phokäer aus Kleinasien, vor zweitausendsechshundert Jahren in ihrer Liebesnacht erfunden haben. Eine Sprache, in der jeder Buchstabe des Alphabets von Grund auf menschlich sein muss. Ich sage: Es besteht keine Gefahr, diese Sprache zu sprechen. Außer der des Glücks.

Ich liebe es zu glauben – denn so bin ich erzogen worden –, dass Marseille, dass meine Stadt kein Selbstzweck ist. Sondern nur eine offene Tür. Offen für die Welt, für die anderen. Eine Tür, die offen bleiben wird, für immer.

Zu spüren, wie Marseille unter der Zunge vibriert

Märkte, Kneipen, Gerüche und Kräuter

Marseille ist nicht provenzalisch, und ist es niemals gewesen. In den meisten Restaurants isst man daher einfach und für wenig Geld. Ungekünstelte, bodenständige Speisen, und zwar nicht einer Tradition folgend, sondern in unbeugsamer Treue zu den Ursprüngen.

Andere haben schon gesagt: Die Küche hier erneuert sich nicht, sie »vermischt« sich nicht, sie bleibt einfach so, wie sie ist. Essen macht heimisch. Sich zu Tisch zu setzen, zu Hause oder im Restaurant, in der Familie oder unter Freunden, bedeutet, an die Vergangenheit und die Erinnerungen anzuknüpfen.

Ich werde daher nicht von der provenzalischen Küche sprechen.

Marseille ist eine Stadt, in der man zwar nie schlecht, aber auch nie sehr gut isst. Und der es, sagen wir es noch einmal, grausam an Fantasie fehlt. Ich habe sogar einmal gelesen, dass man ein *tajine de bouillabaisse,* also ein Fischragout nordafrikanischer Machart, erfinden müsse! Warum nicht, wenn es Liebhaber dafür gibt. Aber gut, möchte ich schmunzelnd hinzufügen, wenn es so etwas nicht gibt, dann sicherlich deshalb, weil es keinerlei Daseinsberechtigung hat. Man verstehe mich richtig: Ich gehöre zu dieser Stadt, und, es ist wahr, ich esse oft lieber ein Stück Pizza, das ich mir bei *Roger et Nénette* gekauft habe, während ich mit dem Hintern auf einem Felsen sitze und über das Meer schaue, anstatt mich mit *millefeuilles de sole avec »son jus d'olive«* (Seezungen in Blätterteigpastetchen mit »einem

Tröpfchen Olivensaft«) in einem schallgedämpften Restaurant zu langweilen, in dem sich Leute drängeln, die von einer anderen Stadt träumen. Eintönig, leidenschaftslos und ohne Überschwang. Provenzalisch und – zivilisiert, möchte ich fast sagen. Wo mit dem Knoblauch sparsam umgegangen wird, wo er vom Mittagstisch gar völlig verbannt wird – bei diesen berühmten Geschäftsessen, bei denen man mit spitzem Mündchen kleine Häppchen zu sich nimmt, anstatt richtig zu essen. Wenn ich esse, dann liebe ich es zu spüren, wie Marseille unter meiner Zunge vibriert. Unzivilisiert und vulgär, wie es ein Wolfsbarsch, Große Geißbrassen oder Meerbarben sein können, die mit Fenchel gegrillt und einem Schuss Olivenöl befeuchtet werden, wie bei *Chez Paul* oder im *L'Oursin.* Das heißt, dass die Restaurants, in denen ich mich gern herumtreibe, nur selten in den Reiseführern erwähnt werden und niemals Kochmützen oder Sterne bekommen. Was solls. Die Leute, die man an exquisiten Orten treffen kann, sind nicht unbedingt diejenigen, mit denen ich gern in Berührung komme. Sie nehmen Knoblauch, Bouillabaisse und Anchovissauce allenfalls in kleinen Mengen zu sich. Sie wissen nichts vom Wohlgeschmack frittierter Beignets aus Kichererbsenmehl. Sie haben noch nie Schnecken in pikanter Sauce probiert, oder gebackenen Fisch in Seeigelsauce, Lammfüße und gefüllte Hammelkutteln, panierten Kabeljau in Oliven-Knoblauch-Sauce, Ratatouille oder ein Ragout aus frischen Bohnen. Und sie wissen nichts vom Glück einer milden Basilikumsuppe im Schatten einer Pinie.

Es ist kein Zufall, dass ich diese Gerichte erwähne. Die Küche in Marseille beruhte schon immer auf der Kunst der

Zubereitung von Fischen und Gemüsesorten, die von der reichen Bourgeoisie der Reeder und Schiffsausrüster verschmäht wurden, denen »ihre Bauern« von den kleinen Höfen rund um Aix erlesene Produkte lieferten: Wild und Geflügel, Lammfleisch, Trüffel, Käse und Früchte.

Auf diese Weise ist auch die Bouillabaisse entstanden. Wegen dieses Fisches mit dem schrecklichen Maul, *rascasse* (Drachenkopf) genannt, der unverkäuflich, weil ungenießbar war. Man könnte noch viele andere Beispiele anführen. Eine Küche der Armen, gewiss, aber ihr Genie verschafft uns immer wieder vielfältigste Genüsse, selbst wenn man sich heute über die tausend möglichen Rezepte von Bouillabaisse streitet. Ich würde sagen, um mich mit niemandem anzulegen: Es ist am besten, sie selber zuzubereiten. Aber das gilt auch für alle anderen Marseiller Rezepte und in noch größerem Maßstab für die mediterranen Gerichte: Couscous, Tajine oder Paella, oder schlichte Nudeln in Sauce mit Fleischbällchen oder Lerchen. Und dadurch findet man zur Geselligkeit des Südens zurück: Essen ist ein Fest. Wenn ich in ein Restaurant gehe, suche ich in erster Linie eine familiäre Stimmung. Es ist allerdings wahr, die Gerichte sind nicht jeden Tag und nicht immer Spitzenklasse wie bei *Chez Étienne* im Panier-Viertel. Aber das ist fast so wie mit dem Leben. Man gewöhnt sich an das Alltägliche. Und man weiß, dass man eines Tages etwas ganz Wunderbares erleben wird, ganz bestimmt. Und es wird einem die Stimme verschlagen angesichts von Ravioli mit Olivenpüree, einigen Calamares mit Petersilie oder einfach einer frittierten Kleinigkeit. Ganz einfach. So fühle ich mich wohl in Marseille.

MARSEILLE CH
ILES DU FR
ALLER -
GULIER EN
LES JOURS A
A COTE BLEUE

Knoblauch gehört zum Genuss

Das erste Mädchen, das ich geküsst habe, roch nach Knoblauch. Das war in einer kleinen Hütte in Les Goudes, zu der Tageszeit im Sommer, zu der die Erwachsenen Siesta machen. In jenem Jahr wurde ich fünfzehn und lernte, den Knoblauch zu lieben. Seinen Geruch im Mund. Seinen Geschmack auf meiner Zunge. Und die Trunkenheit der Umarmungen und der Lust. Dann kamen die Freuden des mit Knoblauch eingeriebenen Brotes und des würzigen Körperduftes der Frauen. Seitdem hat der Knoblauch in meiner Küche eine Sonderstellung. Trotz seines schlechten Rufes. Denn Sie müssen verstehen, Knoblauch gehört zum Hochgenuss des Lebens. Er allein öffnet die Tore für alle Genüsse. Er versteht es, sie zu empfangen. Kochen, essen, das heißt: empfangen. Die Liebschaften, die Freunde, die Kinder und Enkel. Um den Tisch sitzend, enthülst man dicke Bohnen, schnippelt weiße oder rote Bohnen, zerschneidet Auberginen, Zucchini, grünen, roten und gelben Paprika, nimmt die Fische aus, wäscht Kraken, Calamares und Tintenfische, zerlegt Kaninchen, mariniert rote Fleischscheiben ... Goldbrassen mit Fenchel, Knoblauch, Ratatouille, Bouillabaisse, Basilikumsuppe, Paella, gefüllte und in Wein gedünstete Artischocken, panierter Kabeljau in Oliven-Knoblauch-Sauce ...

Die Gerichte entstehen im Kreis der Freunde, beim freudigen Zusammensein, unter Gelächter und ungehemmten Gesprächen. Das Haus wird von starken Düften durchzogen. Von einem wilden und vulgären Parfüm. Denn eins ist klar, mit Knoblauch zu kochen, das ist eine kulinarische Frechheit, ein Schlag ins Gesicht des guten Geschmacks.

Rund um diese Handgriffe, rund um den Knoblauch haben sich schon Welten gespalten. Und zwar schlimmer, als Sie sich vorstellen können.

Nichts passt übrigens besser zu Knoblauch als der Wein, vorzugsweise Rotwein. Insbesondere ein *Bandol*, der aus der großartigen Mourvèdre-Traube gemacht wird. Volle, elegante, kräftige, üppige und aromatische Weine. Beide, Knoblauch und Wein, treiben bei jedem Bissen und bei jedem Schluck die Zuspitzung bis zu den äußersten Grenzen. Dorthin, wo der Gaumen bei so viel Reizungen nicht mehr umkehren kann. Wie bei der Trunkenheit einer ersten Umarmung. Daher sage ich: Esst Knoblauch und trinkt Wein, um alle blutsaugerischen Vampire zu bekämpfen, die uns unsere Energie stehlen, die unsere Gehirne leeren und unsere Herzen austrocknen. Das ist das Leben. Um eine Bemerkung des Schriftstellers Jim Harrison aufzugreifen: Ohne Knoblauch und Wein kann es ganz schön schwierig sein, unseren Weg und unser Leben fortzusetzen.

Wenn das Basilikum lockt

In seinem Geruch bin ich aufgewachsen. Wie alle Kinder im Süden. Wenn meine Mutter vom Markt zurückkam, brachte sie zwei oder drei Töpfe mit, die sie in der Küche aufs Fensterbrett stellte. Das war der Platz für das Basilikum. Im Schatten der Klappläden, die seit dem Frühling einen Spalt offen standen.

Später habe ich gelernt, dass sein Geruch die Insekten vertreibt. Später habe ich noch viele andere Dinge gelernt. Zum Beispiel, dass Basilikum bis zur Französischen Revolution eine königliche Pflanze war. Es durfte nur mit einer goldenen Hippe abgeschnitten werden, und nur von einer hochrangigen Person. Aber ich stelle mir vor, dass die Nichtadeligen nicht bis zum Jahr I der Revolution gewartet haben, um die Blätter auf ihre Teller zu streuen! Guter Geschmack und gute Gerüche, das erlernt man instinktiv, und wenn man einmal Basilikum gerochen hat, kann man nicht mehr darauf verzichten.

So ist es jedenfalls bei mir. Wenn ich es nicht im Hause rieche, fehlt mir etwas. Sowie die erste Tomate kommt, brauche ich es unbedingt. Einige Tropfen Olivenöl auf den schönen roten *pomodori*, zwei oder drei zerriebene Blätter darüber, ein Stück Brot vom Vortag, eingerieben mit Knoblauch, und schon tanzen die Papillen! Ich kenne kein einfacheres Glück.

Das Erste, das das Basilikum schenkt. Die anderen sind noch verlockender. Denn nach der Mahlzeit zieht man die Vorhänge zu, um sich vor der Nachmittagshitze zu schützen. Den Topf mit dem Basilikum stellt man achtsam auf das Fensterbrett des Zimmers in die Kühle. Im duftigen Schatten des Raumes wird das Leben dann noch einfacher. Wie die Liebeslust. Keine Sorge, weder der übermäßige Gebrauch von Basilikum noch der übermäßige Gebrauch der Liebe schaden der Gesundheit.

Halt, mein Lieber, probier mal

Wohin ich gehe, in welche Stadt dieser Welt ich auch komme, das Erste, was ich mache, ist auf den Markt zu gehen. Um die Stadt zu spüren. Ich bin so erzogen worden, in dieser Tradition, auf den Markt zu gehen. Jeden Tag. In Marseille gab es so viele Märkte wie Stadtteile und Plätze.

Wir wohnten an einer der belebtesten Straßen der Stadt. Der Markt an der Rue Longue-des-Capucins war kein provenzalischer, sondern ein mediterraner Markt. Wo schon die kleinste Gurke vor Erwartung vibrierte, auf orientalische oder westliche Art zubereitet zu werden. Gemüse und Früchte, Kräuter und Gewürze – die Vielfältigkeit der Farben rivalisierte mit der Mannigfaltigkeit der Gerüche. Vermischte sich mit Schreien und Gelächter. Worte flogen im Stimmengewirr und Gedränge hin und her: »Achtung! Achtung! Herrlich reife Wassermelonen!« Jedes Wort geruhsam auskostend, mit der Lust an der Verlockung: »Halt, mein Lieber, probier mal ...«

Dort habe ich die Weltwunder kennen gelernt, und es gab weit mehr als sieben. Oliven zum Beispiel. Da war nicht nur eine Sorte, nicht zwei, schwarze oder grüne, sondern ganze Stände voller Oliven, unterschiedlicher Herkunft, zubereitet und abgeschmeckt für alle Gaumen- und Palastrevolutionen. »Probier mal, Kleiner. Probier mal ...«

Hier wurde die Lebenstrunkenheit erfunden. Auf den Märkten wird sie unablässig neu erfunden. Das sage ich mir jedesmal, wenn ich »meine Zeit damit verschwende«, so herumzuziehen, selbst wenn ich weit fort von zu Hause bin. In einem anderen Hafen. In einer anderen Stadt. Einem Dorf. Es gibt ein Gefühl der Gemeinsamkeit, das sofort aufkommt, wenn man über einen Markt spaziert. Eine Lust, zusammenzuleben. Das sagen die Blicke. Und auch das Lächeln.

Die Mittagszeit ist nicht mehr fern. Die magische Stunde des Kochens mit frischen Zutaten. Je nach Laune. Und nach unseren Wünschen. Für die Familie und die anderen gehört diese Küche zur Geselligkeit. Sie sorgt für den Zusammenhalt. Gemischte *Antipasti*, Auberginen mit Grieß, *spaghetti vongole* mit gefüllten Weinblättern, Bouillabaisse mit vielen kleinen Vorspeisen. Ich erinnere mich ... Wenn meine Mutter das Gemüse auswählte, versuchte ich mir vorzustellen, was sie uns kochen würde. Weiße, rote und grüne Bohnen für die Gemüsesuppe mit Basilikum. Karotten, Blumenkohl, grüne Bohnen für die Aioli. Violette Artischocken für die Pilzfüllung. Tomaten, Zucchini, Auberginen für die kleinen Pasteten. Gewiss, einige Gemüsesorten waren von einem Geheimnis umgeben, da sie zu dieser oder jener Speise gehören konnten. Paprikaschoten, Saubohnen, Brokkoli, junge Erbsen, Fenchel, Tomaten ... Als ich größer wurde, lernte ich zum Beispiel, dass jede Tomatensorte ihre besondere Verwendung hatte. Für Salate, Suppen oder Füllungen.

»Hier, probier mal ...«, sagte meine Mutter, wenn sie vom Markt zurückkam. Sie gab mir eine durchgeschnittene Tomate mit einem Tröpfchen Olivenöl darauf. Ich liebte die Strauchtomaten, die mich an meine Ferien in Italien erinnerten. Aber was für die Tomate galt, galt auch für jedes andere frische Gemüse. Das habe ich später entdeckt. Mit der Freude am Wein. Und an den verschiedenen Olivenölsorten. Das Wichtigste am Geschmack ist, dass man ihn selbst entdeckt. Auf diesen ganz alltäglichen Märkten, die die Seele der Stadt sind. Dort, wo die Einflüsse des Südens zu Rezepten anregen und all denen entgehen, die sie erstarren lassen wollen.

Die Jahre sind vergangen. Ich gehe immer noch auf den Markt. Und immer wieder habe ich Lust, in der Art von

Jacques Prévert ein Inventarium aufzustellen. Das würde beginnen mit dem Aufruhr der Sinne, den die Kräuter verursachen. Basilikum, Bohnenkraut, Dill, Estragon, Majoran, Petersilie, Minze, Rosmarin, Salbei, Thymian, Anis. Der hochsteigende Geruch lässt einem das Wasser im Mund zusammenlaufen.

Zunächst einmal ist die Küche ein Traum. Der Traum wird zur Tat. Sie führt zur Einladung. Und Manuel Vázquez Montalbán hat uns gelehrt: Man kann kochen, um weiterzuleben, aber auch, um zu verführen. Wenn man schließlich am Tisch sitzt und sich dem Rausch überlässt, der durch den Geschmack von Produkten verursacht wird, die unter der Sonne gewachsen sind, sieht und hört man auch wieder diese tausendfältigen kleinen Wunder: das Plätschern des Brunnens auf dem kleinen Platz, den Geruch der aufgewärmten Dachziegel, die Stille einer schattigen Gasse … *La dolce vita?* Wollust wäre genauer.

Bis heute staune ich auf den Märkten – wie sollte man nicht entzückt sein bei einem winzigen Stand mit Zucchiniblüten? Dann komme ich wieder zur Vernunft. Wichtig ist das Wesentliche, nicht das Überflüssige. Und hier dreht sich alles um das Glück dieses Tages. Morgen ist morgen, und das ist eine ganz andere Geschichte. Das mediterrane Glück ist eine Art und Weise, dem Tag einen Sinn zu geben. Tag für Tag. Auf den Markt zu gehen, ist nichts anderes als die Wiedererfindung dieser Kunst, einfach und zusammen zu leben.

Verdi neben Bob Marley

Marseille als Knotenpunkt der Musik

Eines Tages, als ich meine Cousins im Panier besuchen wollte, waren die Stufen der Montée des Accoules von Musik erfüllt. Ein spanisches Lied. Ein Tango. Später erfuhr ich, dass es sich um *Garuffa* von Edmundo Riveiro handelte. Aber der Name des Sängers war nicht so wichtig. Was mir durch Mark und Bein ging, als ich rechts in die Rue du Refuge einbog, war die unvergessliche Stimme von Reinette l'Oranaise. Am Ende der Straße trällerte ein Typ, der sich aus seinem Fenster lehnte, *Maruzzella, Maruzzella.* Renato Carosone. Mein Vater hatte das zu Hause immer gehört. Er kaufte jede 45er-Scheibe, als ob es sich um die jüngsten Neuigkeiten von seiner Familie in Neapel handelte. In der Rue des Pistoles war wie bei meiner Großmutter auf beiden Straßenseiten der Flamenco König, zumeist in arabisch-andalusischer Form. Viel später kam es vor, dass ich erlebte, wie solche Umgebungen in den Straßen von Barcelona wiederauflebten, in der Nähe der Plaza Real. Dann auch in Genua. Und in Algier. Dort hörte ich zum ersten Mal *Bambino* auf Arabisch. Gesungen von Lili Boniche. Die Gestade des Mittelmeers vermischten sich. Vermischen sich. Wie auch heute noch, wenn der Katalane Lluís Llach seine Stimme der Marokkanerin Amina Alaoui und der Griechin Nena Venetsanou in *Un pont de mar blava* »überlässt«. Ich stelle mir gern vor, dass das immer so sein wird. An beiden Ufern des Mittelmeers. Dass unsere Gestade sich weiterhin vermischen. Dass sie nie zur Grenze werden, wie Louis Brauquier in den *Cahiers du Sud* schrieb.

Es ist kein Zufall, dass ich mich hier auf diese berühmte Zeitschrift beziehe, die in Marseille das Licht der Welt erblickt hat, und dass ich Brauquier zitiere, einen der größten Dichter dieser Stadt.

In Marseille gibt es heute einige seltsame Tendenzen, die Türen und Fenster schließen zu wollen. Sich nicht mehr von Ufer zu Ufer gegenseitig ansingen zu wollen. Zu meinen, dass bestimmte Arten von Musik zu viel Würze haben und zu sehr stinken, wie unsere Märkte. Und zu behaupten, dass das Draußen bei uns nichts zu suchen hat, dass es kein anderes Mittelmeerufer als das unsere gibt. Das lateinische, natürlich. Wobei man uns einreden will, dass wir ausschließlich Wurzeln im Festland haben, nämlich in den provenzalischen Hügeln, von denen aus man das Meer nicht sehen kann und wo man nicht einmal vom Meer träumt. Diese Hügel, auf denen sonntags oft die Marschmusik von Querpfeifen und Tamburinen erklingt, die Frédéric Mistral so liebte.

So muss man sich heute entscheiden, auf welcher Seite man steht: auf der von Vincent Scotto oder der von Khaled. Aber, und das kann keiner leugnen, der nicht böswillig ist: Marseille ist nicht einförmig, sondern vielgestaltig. Es ist multikulturell, multirassisch und zwangsläufig multimusikalisch. Man singt hier in mehreren Sprachen, so wie man in mehreren Sprachen denkt und träumt. Und liebt.

Marseille ist eine Großstadt, in der Verdi genauso populär wie Bob Marley ist. Die Intelligenz von Gruppen wie IAM oder Massilia Sound System liegt, glaube ich, darin, dass sie das mitgekriegt haben. Beide stammen von den Musikern unserer Kindheit ab. Sie sind Erben jener Lieder und jener

Musik, die ihre Väter mitsummten und die auf den Straßen von Marseille erschallte.
Die Gruppen, die Musikarten und die Alben, die in dieser Stadt ans Licht kommen – Rap, Raï, Ragga, aber auch brasilianische Musik, Flamenco-Jazz und Tanzmusik –, sind meiner Meinung nach für die Musik das, was die *Cahiers du Sud* für die Literatur waren. Diese Musikarten tragen dazu bei, dass wir uns selber hören und verstehen. Jede Musikgruppe – diejenigen, die in den Stadtteilen entstanden sind und die dort entstehen werden – ist daher eine Herausforderung. Und zwar nicht nur kulturell. Sie ist eine Herausforderung der Menschlichkeit. Und somit der Zukunft. Eine Herausfoderung, die mit der der *Cahiers du Sud* in früheren Zeiten vergleichbar ist, die nicht nur die Zensur der Nazi- und Vichy-Zeit durchgemacht haben, sondern auch in Algerien das Werk *Exil* von Saint-John Perse veröffentlicht haben.
Ich möchte hier darauf hinweisen, dass nur einige Kilometer von Marseille entfernt Schriftsteller aus den Stadtbibliotheken verbannt werden. Ich möchte hier erwähnen, dass während eines Hafenfestes in Marseille Musiker auf der Straße getötet wurden. Wenn die Ufer des Mittelmeers in Marseille singen und tanzen, auf dass sich ihre Sprachen und damit auch ihre Wurzeln vermischen, kommen politische oder religiöse Fundamentalisten und schwenken ihre Todesklappern.
Wir werden das sicherlich überwinden. In Marseille weiß man sehr wohl, dass es das Meer ist, was uns vereint. Und dass unser Süden, um noch einmal Brauquier zu zitieren, »ein Versuch ist, Signale in jene verschwommenen Gefilde zu senden, in denen der Mensch sein Paradies ansiedelt«.

Wenn man das Meer hört

Das Mittelmeer ist unser Glück und Schicksal

Als Flaubert in Kairo ankam, schrieb er an einen Freund: »Ich habe die Gewissheit gewonnen, dass vorhergesehene Dinge nur selten eintreffen.« In den Städten des Mittelmeers ist das oft so. Man findet niemals wirklich, was man finden wollte. Zweifellos deshalb, weil dieses Meer – die Häfen, die es hervorgebracht hat, die Inseln, die es in sich wiegt, die Linien und Formen seiner Ufer – die Wahrheit untrennbar vom Glück macht. Selbst die Trunkenheit des Lichtes steigert nur die Tiefe der Kontemplation.

Das habe ich zu Hause, in Marseille, gelernt. In der Nähe der Baie des Singes, kurz nach dem kleinen Hafen Les Goudes, im äußersten Osten der Stadt. Ich habe Stunden damit verbracht, zu beobachten, wie die Boote in der Durchfahrt von Croisettes vom Fischen zurückkehrten. Dort und nirgendwo sonst erscheinen sie mir und werden sie mir immer am schönsten erscheinen. Und viele weitere Stunden, um den wahrhaft magischen Moment abzupassen, in dem ein Frachter in das Licht der auf dem Meer untergehenden Sonne fährt und dann im Bruchteil einer Minute verschwindet. In solchen Augenblicken könnte man glauben, dass nichts unmöglich ist.

Hier zerbricht man sich nicht den Kopf. Erst hinterher. Erst hinterher denkt man über all diese Stunden des Lebens nach, in denen man etwas hätte begreifen sollen, und über all die Stunden, in denen man etwas hätte vergessen sollen. Gewiss, es ist selten, dass ein ganzes Leben so vorbeifließen kann, in der Kontemplation. »Der Nomade«, schreibt Jean

Grenier, »hält die Oase für das Gelobte Land, und sein Leben ist ein Wechsel von beschwerlichem Umherziehen und Zeiten der Feste und Freuden. Die Oase ist für ihn die Stadt.«

So bin auch ich gereist. Von Oase zu Oase. Von Tanger nach Istanbul, von Marseille nach Alexandria, von Neapel nach Barcelona. Und jede dieser Städte mit engen, gewundenen und von Menschen wimmelnden Gassen hat mir ihre Farben, ihre Früchte, ihre Blumen, die Gebärden ihrer Männer und die Blicke ihrer Frauen dargeboten. Bis ich eines Tages als einzige Wahrheit von Bedeutung ausrufen konnte: Ja, ich liebe diese Mittelmeerstädte, in denen man sich wie getragen fühlt.

Das Mediterrane erscheint nicht auf Postkarten. Das Glück wird niemals gegeben, sondern muss erfunden werden. Nicht alle Reisenden können denselben Geschmack haben. Manche reisen, um zu sehen, andere, um zu genießen. Oder beides. Aber es genügt, wenigstens einmal einen Bus genommen zu haben und in eine tief in der Wüste gelegene Oase gefahren zu sein, um zu begreifen, dass hier, im Mittelmeerraum, alles ein Geschenk ist, allerdings unter der Bedingung, dass man es will und dass man seine Blicke und seine Hände danach ausstreckt.

Bei meiner Ankunft in Biskra an einem Abend mit sanftem, warmem Wind umschmeichelte mich der Duft von Staub und Kaffee, das Licht eines Feuers mit Baumrinden, der Geruch von Steinen und von Hammeln. Ich sog all das auf. Wie man Landschaften genießt.

Wenn man an diesen Ufern reist, ist es wichtig zu genießen, was man niemals mitnehmen kann, was nur in dem Moment existiert, in dem man es betrachtet, und was nicht zu den Erinnerungen gehört, sondern zum Glück zu leben. Nichtigkeiten, wie zum Beispiel das letzte Zucken des Lichtes vor der Mittagszeit. »Denn«, sagte Leila, »das Leben ist ein Häufchen Nichts.«

Ich erinnere mich an einen Abend in Oran. Ich hatte die hektische Innenstadt verlassen und stieg den Planteur-Hügel hinauf. Bis Santa-Cruz. Je höher ich stieg, umso weiter zog sich der Horizont zurück. Der Himmel höhlte sich aus. Ich entdeckte die Stadt, dann die Stadt und das Meer, und dann die Stadt, das Meer und das Tlemcen-Gebirge.

Ich weiß nicht mehr, was ich an jenem Tag in Santa Cruz wollte. Aber was ich dort fand, tat mir gut. Inneren Frieden. Vielleicht deshalb, weil es genügte, die Augen zu schließen, sodass die Landschaft in mich einging, bis sie zur meinigen wurde. Ich erkannte, dass in mir lag, wohin ich gehen wollte. Und in anderen Häfen, in anderen Städten dieses Mittelmeers erkannte ich auch, dass es immer so sein würde. Dass das, was ich dort entdeckt hatte, nicht das verkaufsfertig abgepackte Mittelmeer war, das uns die Verkäufer von bequemen Reisen und Träumen feilboten. Dass dies einfach ein mögliches Glück war, das dieses Meer schenkte. Mir schenkte. An diesem Ort und an anderen.

So habe ich mir im Laufe der Jahre eine Geografie von möglichen Formen des Glücks geschaffen. Zu dieser Geografie gehört auch Byblos. Jassid, ein Fischer, den ich in dem kleinen Hafen getroffen hatte, erzählte mir die Legende von Adonis. Eine phönizische Legende. Am ersten Frühlingstag starb Adonis an den Quellen des Flusses, der heute seinen Namen trägt, in den Armen von Astarte. Sein Blut ließ die

Anemonen sprießen und färbte das eisenhaltige Wasser des Flusses rot. Dann fielen die Tränen Astartes wie Regen auf die wiedererwachende Natur und erweckten ihren Liebhaber wieder zum Leben. Ein Tempel unterhalb der Grotte von Afqa, der von den Phöniziern errichtet worden war, ist der Astarte geweiht.

Ich war gekommen, um mir diesen Tempel anzusehen. Ein Tempel der Liebe und der Treue. Ich war allein. Beirut und seine Großstadthektik waren vierzig Kilometer entfernt, und Jounieh, das die üblichen Vergnügungen eines Seebads bot, war noch weiter weg. Ich hatte kaum einige Schritte in die Stadt gemacht, als Byblos, für mich, wieder zu Jbeil wurde, zu einer der ältesten Städte der Welt.

Ich war ohne Jassid aufgebrochen. Dieser Weg zum Tempel war nur für mich. Wie meine ligurischen Spaziergänge in den Cinque Terre von der Punta Mesco bis zur Punta San Pietro. Ich hatte mich von Dorf zu Dorf treiben lassen: Monterosso, Vernazza, Corniglia, Manarola, Riomaggiore. Diese Namen heraufzubeschwören, war bereits ein Glück. In so kleinen Dörfern kann man sich nicht verlaufen, und dennoch war es ein regelrechtes Vergnügen, in diesem Labyrinth umherzuirren, in dem mehrere Ebenen von düsteren, schmalen und manchmal nur aus Treppen bestehenden Gassen übereinander lagen.

Man weiß, irgendwann wird man wieder ans Meer kommen. Zwangsläufig. Jedes dieser Dörfer, die am Ende von fünf Tälern erbaut wurden, wendet den Bergen entschlossen den Rücken zu und schaut aufs Mittelmeer. Lange Zeit konnte man nur mit dem Boot dorthin gelangen. Diese Erinnerung an das Meer scheint übrigens in die Boote ein-

geschrieben zu sein, denn wenn sie umgekehrt am Ufer liegen, um einen neuen Anstrich zu bekommen, kann man sehen, dass an ihrem Bug eine Muschelschale befestigt ist.
Um nach Manarola zu kommen, hatte ich die Via dell'Amore genommen, den Weg der Liebe. Der einzige Landweg, der dieses Dorf mit Riomaggiore verbindet. Eine Route, die in den steilen Fels über dem Meer geschlagen wurde und über Hügel führt, die mit Wein bepflanzt sind. Es überkommt einen die Lust, dieses Stück Natur bis zu seinen im Wasser ruhenden Flanken zu liebkosen.
Das war am Frühlingsende. Zu einer Stunde, in der das Licht noch nicht stärker geworden war. Andere Bilder stiegen in mir hoch. Die goldene Bucht von Palermo, in der die Sonne Tag für Tag ruhte wie eine Blume in einer Schale. Djamila, in dem eine schwere Stille ohne Risse herrscht, mit dieser Frau, die wie in einer Geschichte von Camus in die sternenklare Nacht hinausläuft, die ihr endlich ihren Frieden geben wird. Ronda, die andalusische Gebirgsbewohnerin, festgeklammert an den Himmel, die es verstanden hat, die Depressionen von Rainer Maria Rilke zu heilen. Der blaue Golf von Salamis, wenn man ihn vom Grabmal des Philopappos aus entdeckt, zwischen kahlen Hügeln und der steinigen Ebene.
Ich hielt Ausschau nach der Insel Elba, und andere Inseln tauchten auf. Der Vulkan von Santorin, der aus glasklarem Wasser aufsteigt. Kap Sunion, und die winzige Insel Psara, leergefegt vom Staub und von den Winden, Simi, die Insel der Schwämme, festgeklammert am Berg Siglos.
Dieser italienische Boden sprach plötzlich auf Griechisch zu mir. Zweifellos deshalb, weil es in Griechenland, wie Jean

Grenier schrieb, »eine Freundschaft zwischen Mineral und Mensch« gibt.
Bei diesem verlorenen, überglücklichen Blick taucht der Gedanke wieder auf: Nichts ist schöner, nichts bedeutsamer für den, der mit gleicher Liebe Afrika und das Mediterrane liebt, als ihre Vereinigung durch dieses Meer wahrzunehmen.
Als ich am Abend nach Vernazza zurückkehrte, bestätigte mich das Banner des Dorfes mit seinem arabischen Halbmond. So blieb nichts anderes übrig, als zu den Prinzeninseln zu fahren, die nicht weit weg von Istanbul liegen. Kizil Adalar – die roten Inseln. Dort kannte ich das klare Wasser in der Bucht Kalpazankaya. Aber ich machte die Reise nicht nur, um zu baden oder um das köstlichste Tandir Kebab zu essen – in einem Tonofen geröstetes Hammelfleisch. Sondern vor allem wegen des Glücksgefühls, zu wissen, dass ich mich zwischen zwei Gewässern befand, zwischen zwei Welten. Zwischen Orient und Okzident.

Von Marseille aus betrachte ich die Welt. Von da aus – oben auf dem Leuchtturm Sainte-Marie, der ganz im Osten auf der Digue du Large steht – denke ich über die Welt nach. Die ferne Welt, die nahe Welt. Und auch über mich selbst. Den Mediterraner. Den mediterranen Menschen.
Marseille ist 2600 Jahre alt. Ich stamme aus dieser Geschichte. Bin in dieser Geschichte. Aus diesem unbedeutenden Jahrhundert und von diesem unbedeutenden Meer, wie der neapolitanische Schriftsteller Erri de Luca zu Recht sagt. Marseille ist mein Schicksal, wie das Mittelmeer. Ja, so ist es, bekräftige ich, den Blick in die Weite gerichtet, mit dem Rücken an das warme Gestein des Leuchtturms Sainte-

Marie gelehnt. Und wie immer den Kopf voller Verse von Louis Brauquier:

Verlorene Menschen aus anderen Häfen,
die ihr das Gewissen der Welt mitbringt!

Marseille existiert nur durch diese Worte. Alles andere ist Gerede. Politisches, wirtschaftliches. Manchmal sogar kulturelles. Wenn man das vergisst, stirbt man.
Wohin ich heutzutage auch komme, man redet nur noch von Europa. Deshalb gehe ich zum Leuchtturm Sainte-Marie. Denn es ist zum Verzweifeln. Denn ich sehe keine europäische Zukunft in Marseille. Was immer man sagt. Marseille ist eine Stadt des Mittelmeers. Und das Mittelmeer hat zwei Ufer. Nicht nur das unsere. Europa beschäftigt sich heute nur mit einem Ufer, und es ist nur zu wahr, in Frankreich gewöhnt man sich allzu leicht daran. Indem man aus diesem Meer zum ersten Mal eine Grenze zwischen Orient und Okzident macht, zwischen Morgenland und Abendland. Und uns von Afrika und Kleinasien abschnürt. Im Namen der untergegangenen Provinzen Andalusiens, des stummen Alexandria, des aufgelösten Tanger und des massakrierten Beirut sollten wir uns daran erinnern, dass die europäische Kultur an den Ufern des Mittelmeers und in Vorderasien entstanden ist. Muss man es noch einmal wiederholen: Europa war eine phönizische Prinzessin, die von Zeus entführt wurde!
Man möge mir verzeihen, aber ich kann von Marseille nicht anders als mit dieser Furcht sprechen, marginalisiert zu werden. Wie es bereits mit den Kulturen Mitteleuropas gesche-

hen ist. Der Philosoph Predrag Matvejevič schreibt: »Unser Jahrhundert vollendet sich im Zeichen von ›Ex-Welten‹: exkommunistisch, ex-sowjetisch, ex-jugoslawisch.« Das Mittelmeer könnte morgen sehr gut zu diesen »ex« gehören. Und damit auch Marseille.

Auf dem Leuchtturm Sainte-Marie wende ich der Stadt keineswegs den Rücken zu, nein, im Gegenteil, ich stütze mich auf sie. Und ich sehe über das Meer. Die offene See.

Auf diesen Horizont, an dem eines Tages das Schiff des Phokäers auftauchte, der sich Protis nannte.

Protis ist für uns, die Marseiller, unser Odysseus. Bevor er hier ankerte, ist er zweifellos lange gereist, hat ferne Länder und viele Kalypsos kennen gelernt. Die Legende sagt nicht, ob in der Heimat eine Penelope auf ihn wartete. Sie hat nur festgehalten, dass eines unserer jungen Mädchen, Gyptis, ihm einen Becher mit frischem Wasser reichte und ihn als Gatten erwählte.

Der Mythos hat nur einen Sinn, wenn man ihn beim Wort nimmt. Und wenn er zum Projekt wird. Marseille deklamiert stolz seine Welterfahrung. Man könnte hinzufügen: seine mediterrane Erfahrung. Denn wir haben keine andere. Aber sollten wir überhaupt andere haben? Das ist die Frage, die ich stelle, ich, ein Bastard aus Marseille, ein Mischling, der aus der italienischen, spanischen und arabischen Kultur hervorgegangen ist. Und auch wenn ich heute französischer Staatsbürger bin, das Meer – dieses Mittelmeer bei uns zu Hause, an dem ich meine Augen, mein Herz und meine Gedanken verschleiße – bleibt der einzige Ort, an dem ich fühle, dass ich lebe. An dem ich tagtäglich eine Zukunft für mich sehe. Trotz allem.

Mein Vertrauen auf Marseille: die Widerstand Leistende, die Überlebende der Mittelmeerwelten wird hoffentlich kein Grenzposten sein, kein modernes Remake des *limes* im Römischen Reich – zwischen der zivilisierten Welt und der Welt der Barbaren, zwischen Nordeuropa und den Ländern des Südens, wie in einem Bericht der Weltbank an die europäischen Eliten empfohlen wird.

Ja, wenn ich über das Meer schaue, glaube ich: Wenn es eine Zukunft für Europa gibt, und dazu eine künftige Schönheit, dann wird sie in dem liegen, was Édouard Glissant »die mediterrane Kreolität« nennt.

Und genau da spielt sich alles ab. Zwischen dem alten ökonomischen, separatistischen und die Rassentrennung befürwortenden Denken (der Weltbank und des internationalen Privatkapitals) und einer neuen, vielfältigen und gemischten Kultur, in der der Mensch Herr über seine Zeit und über seinen geografischen und sozialen Raum bleibt.

Ich fordere das. All das. Aus Treue zu den ersten Liebenden von Marseille, Gyptis und Protis. Das heißt aus Liebe.

Anderswo ist auch mein Zuhause

Es mag Sie vielleicht überraschen, aber ich bin kein Reisender. Ich halte mehr von Irrfahrten. Weil er eine schöne Sevillanerin getroffen hat, hat mein Vater den Weg ins Exil abgebrochen. In Marseille. Ich hätte anderswo zur Welt kommen können, wie meine Cousins. In Buenos Aires oder in New York. Oder in Kanada, wo meine Eltern kurz nach dem Krieg gern hingegangen wären. Das hätte an der Sache nichts geändert. Hier oder anderswo, ich war der Sohn eines Exilierten. Das ist mein einziges Gepäck. Mein einziges Erbe. Meine Erinnerung, und somit meine Geschichte. Das Blut, das in meinen Adern fließt, stammt nicht von einer Rasse, aus einem Land oder von einem Boden. Und auch nicht aus einer Nation. Eines Tages muss ich all das erklären, und zwar besser, als ich es in meinen Romanen vermochte. Indem ich von den Irrfahrten meiner alten Freunde erzähle, die Armenier und Griechen, Spanier und Zigeuner sind, auch sie Söhne von Irrfahrten.

»Anderswo« zu sein, ändert alles. Man sieht die Welt anders. Ich meine, dass ich überall zu Hause bin. Selbst in jenen Ländern, deren Sprache ich nicht beherrsche. Es genügt mir, einen Reisebericht oder einen Roman eines Schriftstellers zu lesen, um mir sein Territorium und seine Erinnerungen anzueignen. Und schon werde ich zu seinem Zwilling. Dieses Gefühl habe ich zum ersten Mal empfunden, als ich die *Heimkehr nach Tipasa* von Camus las. Ich fühlte mich als Algerier. Ich hatte Lust auf Algerien. Später, nicht sehr viel später fand ich mich in Äthiopien wieder. Genau gesagt, in Harar. In Fortsetzung von Rimbaud. Ich war kaum zwanzig Jahre alt. Ich hatte etwas von der Freiheit des Umherirrenden gelernt, die darin besteht, unterwegs zu sein, nicht um zu entdecken, Leute zu treffen und Wissen zu sammeln, sondern um im anderen aufzugehen und in seinen Augen jene »andere Welt« zu sehen, aus der man kommt. Somit bin ich auch Äthiopier gewesen. Eine Nacht in Kairo bin ich Ägypter gewesen. Und Türke mehrere Male. Aber auch Ire, und aus Liebe Argentinier. Es kommt noch oft vor, dass ich Italiener oder Spanier bin. Und wenn ich auch noch in vielen anderen Ländern gewesen bin, so träume ich heute davon, Laote zu sein, manchmal sogar Japaner, und zwar wegen des

Schriftstellers Haruki Murakami. Wie ich gestehen muss, weiß ich manchmal nicht mehr, ob ich in Havanna, auf Bali, in Missoula oder in Schanghai gelebt habe oder ob ich einfach zu viel Cendrars, Hemingway, Luis Sepúlveda, Jim Harrison und James Crumley, Vicki Baum, Stevenson, Melville, Conrad und Mac Orlan gelesen habe, die heute kaum noch jemand liest. All das ist letzten Endes unwichtig. Das Wahre und das Falsche. Die Fantasiewelt ist eine Realität und manchmal sogar viel realer als die Realität selber. Conrad könnte das besser als ich erklären. Dass es so wichtig ist, der Realität zu ermöglichen, ihre Logik zu finden.

Allzu oft wagen wir es nicht, bis zum Ende unserer selbst zu gehen. Man kreuzt den Blick des Anderen wie eine Einladung. Aber man bleibt am Ufer stehen. Weil das Ufer ja das ist, was am sichersten ist. Fester Boden unter den Füßen. Dieser Boden, der uns daran erinnert, dass man hier ist, einem Land, einer Rasse und einer Nation angehört. Die Ufer zieht man im Allgemeinen vor, wenn man fest gebucht hat. Eine Reise. Urlaub. Für eine bestimmte Zeit. Mit einem Reiseführer in der Hand und der Rückfahrkarte in der Tasche. Man weiß, dass man von diesem Ufer aufbricht und dass man ganz bestimmt zu ihm zurückkehren wird. In diesem Moment wendet man oft seinen Blick vom Blick des Anderen ab. Und er wird uns fremd. Feindselig. Ein Fremder ist zwangsläufig feindselig eingestellt gegenüber dem Land, der Rasse und der Nation, zu der man sich lautstark bekennt. Ich weiß nicht, ob Sie mich bis hierhin verstanden haben. Ich würde es gern glauben. Und glauben, dass es zu nichts nutze ist, woanders hinzugehen, wenn man sich nicht im Blick des Anderen wiedererkennt. Ich glaube, deshalb sehen die meisten Ferienclubs so aus wie befestigte Lager. Man ist nicht darauf aus, den Anderen zu treffen. Man will nur, was ihm gehört. Sein Meer, seine Strände, seine Kokospalmen.

All dies habe ich von meinem Vater gelernt. Marseille hat meine Ausbildung vervollkommnet. Ich weiß, dass es hinter dem Horizont, den ich über dem Hafen sitzend vom Ende der Digue du Large aus betrachte, Cousins und Cousinen mit ihren vielen Kindern gibt. Sie sind immer irgendwo dahinten, aber ich weiß nicht, wo. Auf welcher Seite des Stacheldrahts, der Zypern zwischen Griechen und Türken teilt? An welcher hypothetischen Grenze von Ruanda? In welcher Nation von Exjugoslawien? Oder in welchem elenden Zigeunerlager am Stadtrand? Wenn ich an sie denke, juckt es in meinen Füßen, ich hole meinen Pappkoffer heraus und träume davon, loszuziehen. Um sie zu treffen und zu teilen, was uns gemeinsam ist: das Glück der Welt. Dieses Glück, das ich verspüre, wenn die Luft stillsteht und ich an heißen Sommertagen in die Haut eines Indianers schlüpfe, indem ich Louis Owens lese.

Ich träume von weiten Räumen. Ich erfinde den Sinn der Erde neu. Und ich erinnere mich an ein zivilisiertes Volk, das meinte, nur ein toter Indianer sei ein guter Indianer. Dann läuft es mir kalt über den Rücken, denn es ist kalt auf den Wegen ins Exil.

Vier Treffpunkte

Der Prado-Strand: »Marseille hatte keinen Strand. Mit der Erde, die beim Bau der Metro übrig blieb, hat es sich einen Strand geschaffen. Heute vereinigt sich die ganze Stadt und vor allem die Jugend aus den nördlichen Stadtteilen mit dem Meer. Das ist ein echter Volksstrand. Schön. Wirklich schön.«

Les Goudes: »Das liegt im äußersten Osten von Marseille, wo alles zu Ende ist. Der Beginn der großen blauen Weite des Meeres. Das Schöne an dieser Stadt ist, dass sie eine Landschaft bietet, die bereits zu einem Anderswo gehört. Und dort kann man nichts mehr bauen, es sei denn, man sprengt die Felsen mit Dynamit in die Luft.«

Der Joliette-Hafen: »Dieser Ort macht mir am meisten Angst. Ich sehne mich nach dem, was er einmal war, und ich fürchte mich vor dem, was er einmal werden kann, bei all dem, was auf ihm lastet. Aber die Projekte werden stecken bleiben: Jedenfalls genügt es, den alten Leuten zuzuhören, die erklären, dass dieses Projekt wie alle Großprojekte dieser Stadt nicht vorankommen wird. Das macht der Wahnsinn dieser Stadt.«

Die Bar des Maraîchers: »Eine ganz schlichte Bar. Ohne Schnickschnack, obwohl sie in einem Viertel liegt, das ›in‹ ist. Zur Zeit des Aperitifs treffen sich dort Leute aus allen gesellschaftlichen Schichten. Die Leute reden miteinander. Dort gibt es kein Fernsehen, keine Tapas und keine Erdnüsse. Der Wirt Hassan erklärt uns: ›Warum soll man ihnen was zu essen geben, sie kommen doch sowieso!‹«

Wo Izzo zu schreiben begann

Hassan, Wirt der »Bar des Maraîchers«, erinnert sich

Jean-Claude Izzo kam oft bei Hassan vorbei. Um guten Tag zu sagen, zu lächeln und sich inspirieren zu lassen.
Ein dichter Schnurrbart, verschmitzte Augen und ein paar knappe, aber deutliche Worte: »Wenn Sie ihn würdigen wollen, brauchen Sie nur drei Wörter: integer, aufrichtig, menschlich. Und dann machen Sie kein Foto von mir, sondern von der Bar, von dieser Umgebung, die er liebte und die sein Sohn Sébastien ihn entdecken ließ …« Er blickt in eine Ecke seiner Bar, wo man an diesem ruhigen Nachmittag hört, wie ganz leise die Stimme von Gainsbourg aus dem Lautsprecher kommt. Und er deutet mit der Hand auf einen jungen Mann, der konzentriert, mit dem Federhalter in der Hand, über ein Blatt Papier gebeugt ist: »Das ist David. Er kommt oft zum Schreiben hierher …«
Wie Izzo? »Der Kaffee, der Pastis, das war nur ein Vorwand. Er kam vorbei, unterhielt sich und freute sich des Lebens. Und er hörte auch viel zu.« Und er selbst? »Ich schreibe nicht mehr … Heute zähle nur noch die Kasse!«, bekannte er humorvoll. Liest er? »Ich habe viel gelesen. Heute lese ich viel weniger. Aber mit Izzo, das ist was anderes, das ist leicht zu lesen, das ist gut geschrieben. Er liebte seine Stadt. Er konnte die Widersprüche des Lebens und der Stadt übersetzen. Aber er konnte auch von der Symbiose erzählen, die es hier in Marseille gibt.«
Viele sagen, dass es hier war, in dieser Bar, deren Atmosphäre sich je nach Tages- oder Nachtzeit, je nachdem, ob Markttag ist oder nicht, verändert, also dass Izzo hier, nach-

dem er aus Saint-Malo zurückgekommen ist, auf die Idee kam, *Total Cheops* zu schreiben. Es ist richtig, dass Hassan in der ganzen Trilogie vorkommt. »Als ich die Bücher gelesen habe, hab ich manche Dinge wiedererkannt. Aber ich befand mich inmitten von imaginären Personen.«

»Ich bin übrigens selber eine Person, die ein bisschen imaginär ist …«, fügte er mit geheimnisvoller Miene hinzu, dieser ehemalige Professor für Wirtschaft und Agrarsoziologie, der die Universität verlassen hatte, um sich hinter die Theke zu stellen. »So spielt das Leben …«

»Wir haben schon auf die Nachricht gewartet. Ohne Furcht und ohne Schicksalsglaube. Ganz realistisch, wie seine Krimis. Das letzte Mal, als er hier war, das war am Ende vom letzten Sommer. Ein ganz normaler Tag …«

Aus den Romanen

Bei Hassan fühlte ich mich wohl

Aus »Solea«

Es war wirklich heiß. Mindestens dreißig Grad bei einer drückenden Mischung aus Feuchtigkeit und Luftverschmutzung. Marseille erstickte. Und das machte Durst. So war ich, statt den direkten Weg über den Alten Hafen und die Corniche zu nehmen – der kürzeste Weg zu mir nach Hause in Les Goudes –, in die schmale Rue Curiol am Ende der Canebière eingebogen. Die *Bar des Maraîchers* lag ganz oben, nur wenige Schritte von der Place Jean-Jaurès entfernt.

Bei Hassan fühlte ich mich wohl. Die Stammgäste verkehrten unabhängig von Alter, Geschlecht, Hautfarbe oder gesellschaftlicher Stellung miteinander. Dort war man unter Freunden. Wer hier seinen Pastis trank – da konnte man sicher sein –, wählte nicht Front National und hatte es nie getan. Kein einziges Mal in seinem Leben, wie manch anderer, den ich kannte. Hier in dieser Bar wusste jeder sehr genau, warum er nach Marseille und nirgendwo anders hin gehörte und warum er in Marseille lebte und nirgendwo sonst. In den Anisschwaden lag eine Vertrautheit, die schon in einem Blickwechsel Antwort fand: das Exil unserer Väter. Und das war beruhigend. Wir hatten nichts zu verlieren, weil wir schon alles verloren hatten.

Als ich hereinkam, sang Ferré:

Ich spüre Züge kommen,
beladen mit Brownings,
Berettas und schwarzen Blumen,

und Blumenhändler bereiten Blutbäder
für die Nachrichten in Farbe …

Ich hatte einen Pastis an der Theke genommen, dann hatte Hassan nachgeschenkt, wie üblich. Ich zählte sie sowieso nicht, die Gläser. Irgendwann, vielleicht beim vierten, hatte Hassan sich zu mir geneigt: »Findest du nicht, dass die Arbeiterklasse im Arsch ist?«

Genau genommen war das keine Frage. Eher eine Feststellung. Eine klare Aussage. Hassan war nicht von der geschwätzigen Art. Aber von Zeit zu Zeit warf er seinem Gegenüber gern einen kurzen Satz hin. Etwas zum Nachdenken.

»Was soll ich dazu sagen«, hatte ich geantwortet.

»Nichts. Es gibt nichts zu sagen. Alles geht seinen Gang. So ist das. Na, trink schon aus.«

Allmählich füllte sich die Bar, die Temperatur stieg noch ein paar Grad. Aber draußen, wo manche ein paar Gläschen zwitscherten, war es keinen Deut besser. Die Nacht hatte nicht die geringste Abkühlung gebracht. Die Haut klebte vor Feuchtigkeit.

Ich lauschte den Gesprächen. Und der Musik. Nach der offiziellen Stunde für den Aperitif spielte Hassan jetzt Jazz statt Ferré. Er suchte die Stücke sorgfältig aus. Als ob er den richtigen Ton für die jeweilige Stimmung treffen wollte. Der Tod zog sich zurück, sein Geruch. Und kein Zweifel, ich bevorzugte den Anisgeruch.

»Ich ziehe den Anisgeruch vor«, hatte ich Hassan zugerufen. Ich begann, langsam betrunken zu werden.

»Klar.«

Er hatte mir zugezwinkert. Ganz Komplize. Und Miles Davis

hatte *Solea* angestimmt. Das Stück verehrte ich. Seit Lole mich verlassen hatte, hörte ich es nachts pausenlos.

Sie hatte sich von mir entfernt, das spürte ich. Jeden Monat etwas weiter. Sogar ihr Körper hatte sich verschlossen. Die Leidenschaft hatte sich aus ihm zurückgezogen. Unser Begehren war nicht mehr erfinderisch. Wir hielten nur noch eine alte Liebesgeschichte aufrecht. Die Sehnsucht nach einer Liebe, die es eines Tages hätte geben können.

»Was hast du gesagt?«, fragte Hassan.

»Hab ich was gesagt?«

»Ich dachte.«

Er hatte eine neue Runde eingeschenkt, sich zu mir herübergeneigt und hinzugefügt: »Manchmal spricht das Herz deutlicher als die Zunge.«

Ich hätte es dabei belassen, austrinken und nach Hause fahren sollen. Das Boot rausholen, hinter den Riou-Inseln aufs Meer hinausfahren und den Sonnenaufgang beobachten. Was mir im Kopf herumging, machte mir Angst. Der Geruch des Todes drängte sich wieder auf.

Hinter mir hatte sich ein seltsamer Streit zwischen einem jungen Mann und einer Frau um die vierzig entfacht.

»Verdammt!«, hatte der junge Mann sich aufgeregt. »Du spielst dich auf wie die Merteuil!«

»Wer ist denn das?«

»Madame de Merteuil. Aus einem Roman. *Gefährliche Liebschaften.*«

»Kenn ich nicht. Ist das eine Beleidigung?«

Darüber musste ich lächeln, und ich hatte Hassan gebeten, mir noch einen einzuschenken. In dem Moment kam Sonia herein. Das heißt, da wusste ich noch nicht, dass sie Sonia hieß. Ich war dieser Frau in letzter Zeit öfter begegnet. Das letzte Mal im Juni beim Sardinenfest in L'Estaque. Wir hatten nie miteinander gesprochen.

Nachdem sie sich einen Weg zur Bar gebahnt hatte, zwängte Sonia sich zwischen einen Gast und mich. Eng an mich.

»Sagen Sie nicht, dass Sie mich gesucht haben.«

»Warum?«

»Weil mich damit heute Abend schon ein Freund überrascht hat.«

Ein Lächeln huschte über ihr Gesicht.

»Ich habe Sie nicht gesucht. Aber ich freue mich, Sie hier zu finden.«

»Nun, ich auch. Hassan, gib der Dame was zu trinken.«

»Sie heißt Sonia, die Dame«, hatte er gesagt.

Er brachte ihr einen Whisky auf Eis. Ohne zu fragen. Wie einem Stammgast.

»Auf uns, Sonia.«

In dem Moment geriet die Nacht aus den Fugen. Als wir mit unseren Gläsern anstießen. Und Sonias grau-blaue Augen in meine blickten. Ich bekam einen Steifen. So heftig, dass es fast wehtat. Die Monate hatte ich nicht gezählt, aber es war Ewigkeiten her, seit ich mit einer Frau geschlafen hatte. Ich glaube, ich hatte beinahe vergessen, dass man einen Steifen bekommen kann.

Weitere Runden folgten. Erst an der Bar, dann an einem kleinen Tisch, der gerade frei geworden war. Sonias Schenkel klebte an meinem. Brennend. Ich kann mich erinnern, dass ich mich fragte, warum die Dinge immer so schnell passieren. Liebesgeschichten. Man wünscht immer, es würde zu einem anderen Zeitpunkt geschehen, wenn man in

Hochform ist, wenn man für den anderen bereit ist. Eine andere. Einen anderen. Ich dachte, dass wir letztendlich gar keine Kontrolle über unser Leben haben. Und noch vieles mehr. Aber ich konnte mich nicht daran erinnern. Auch nicht an alles, was Sonia mir erzählt haben mochte.

An das Ende der Nacht erinnere ich mich überhaupt nicht. Und das Telefon klingelte. Das Telefon klingelte und stach mir in die Schläfen. In meinem Schädel tobte ein Orkan. Mit übermenschlicher Anstrengung öffnete ich die Augen. Ich lag nackt auf meinem Bett. Sonia hatte eine Notiz neben den Autoschlüsseln auf dem Tisch hinterlassen. »Du warst zu voll. Schade. Ruf mich heute Abend an. Gegen sieben. Kuss.« Ihre Telefonnummer folgte. Die entscheidenden zehn Ziffern einer Einladung zum Glück.

Er hatte nur ihre Adresse. Rue des Pistoles ...

Aus »Total Cheops«

Er hatte nur ihre Adresse. Rue des Pistoles, in der Altstadt. Er war seit Jahren nicht mehr in Marseille gewesen. Jetzt hatte er keine Wahl mehr.
Man schrieb den 2. Juni, es regnete. Obwohl es in Strömen goss, weigerte sich der Taxifahrer, in die kleinen Gassen vorzudringen. Er setzte ihn an der Montée-des-Accoules ab. Über hundert steile Stufen und ein Gewirr von Straßen lagen bis zur Rue des Pistoles noch vor ihm. Der Boden war mit aufgerissenen Müllsäcken übersät, und ein säuerlicher Geruch stieg von der Straße auf, eine Mischung aus Pisse, Feuchtigkeit und Schimmel. Einzige große Veränderung: Die Renovierungswelle hatte das Viertel erreicht. Einige Häuser waren abgerissen worden. Die Fassaden der anderen waren neu gestrichen, ocker oder rosa mit grünen oder blauen Fensterklappen, ganz wie in Italien.
Von der Rue des Pistoles, vielleicht eine der engsten Gassen, war nur die Hälfte übrig geblieben, die Seite mit den geraden Hausnummern. Die andere war platt gemacht worden, ebenso wie die Rue Rodillat. Stattdessen: ein Parkplatz. Das fiel ihm als Erstes auf, als er um die Ecke der Rue du Refuge bog. Hier schienen die Baulöwen eine Pause eingelegt zu haben. Die Häuser waren schwärzlich, wie von Lepra befallen, zerfressen von einer aus Abwässern gespeisten Vegetation.
Er ging durch die Rue du Panier. Dies war sein Viertel. Hier war er geboren. In der Rue des Petits-Puits, zwei Häuserblocks vom Geburtsort des Barockbildhauers Pierre Puget

entfernt. Als sein Vater nach Frankreich kam, hatte er zunächst in der Rue de la Charité gewohnt. Sie waren vor dem Elend und vor Mussolini geflohen. Sein Vater war damals zwanzig Jahre alt und hatte zwei Brüder im Schlepptau – nabos, Neapolitaner. Drei weitere hatten sich nach Argentinien eingeschifft. Sie machten die Arbeit, für die die Franzosen sich zu schade waren. Sein Vater ließ sich für einen Hungerlohn als Hafenarbeiter anwerben. Sie wurden als »Hafenköter« beschimpft. Seine Mutter schuftete vierzehn Stunden am Tag in der Dattelfabrik. Abends trafen sich die nabos und babis, die aus dem Norden, auf der Straße. Stühle wurden vor die Tür gestellt. Man unterhielt sich von Fenster zu Fenster. Wie in Italien. Gar nicht so übel, das Leben.

Sein Haus erkannte er nicht wieder. Es war wie die anderen renoviert worden. Er ging weiter. Manu stammte aus der Rue Baussenque. Aus einem dunklen, feuchten Haus, in dem seine Mutter sich, als sie mit ihm schwanger ging, mit zwei seiner älteren Brüder niedergelassen hatte. Seinen Vater, José Manuel, hatten die Franco-Anhänger erschossen. Immigranten, Exilanten – sie landeten alle eines Tages in einer dieser Gassen, die Taschen leer und das Herz voller Hoffnung. Als Lole mit ihrer Familie ankam, gehörten Manu und er selbst, mit sechzehn Jahren, schon zu den Großen. Das ließen sie die Mädchen jedenfalls glauben.

Schon seit dem letzten Jahrhundert galt es als Schande, im Viertel um die Rue du Panier zu leben. Das Viertel der Seeleute und Huren. Das Krebsgeschwür der Stadt. Das große Bordell. Für die Nazis, die es nur zu gern zerstört hätten, *ein Herd der Entartung des Abendlandes.* Sein Vater und seine

Mutter hatten die Demütigung erlebt. Der Ausweisungsbefehl kam mitten in der Nacht. Am 24. Januar 1943. Für zwanzigtausend Personen. Hastig wurden ein paar Habseligkeiten auf einen Karren geworfen. Gewalttätige französische Gendarmen und spöttische deutsche Soldaten. Im Morgengrauen mussten sie den Karren unter den Augen der Leute, die auf dem Weg zur Arbeit waren, über die Canebière ziehen. In der Schule zeigte man mit dem Finger auf sie, sogar die Arbeitersöhne aus dem Viertel Belle-de-Mai. Aber nicht mehr lange. Sie würden ihnen die Finger brechen! Ihre Körper und Klamotten trugen den muffigen Geruch des Viertels, das wussten sie, Manu und er. Dem ersten Mädchen, das er geküsst hatte, saß dieser Geruch tief im Hals. Aber sie machten sich nichts daraus. Sie liebten das Leben. Sie waren schön. Und sie hatten starke Fäuste.
Er stieg die Rue du Refuge wieder hinab. Etwas weiter unten diskutierte eine Gruppe von sechs vierzehn- bis siebzehnjährigen *beurs.* Neben ihnen ein funkelnagelneues Mofa. Wachsam sahen sie ihn näher kommen. Ein neues Gesicht im Viertel bedeutet Gefahr. Bulle. Spitzel. Oder der neue Eigentümer eines renovierten Hauses, der sich bei der Stadtverwaltung über die Unsicherheit beschweren würde. Dann kämen Bullen, Kontrollen, Vernehmungen auf der Wache, vielleicht Schläge. Schikanen. Auf ihrer Höhe angekommen, warf er demjenigen, der der Anführer zu sein schien, einen Blick zu. Einen direkten, offenen Blick. Ganz kurz. Dann ging er weiter. Niemand rührte sich. Sie hatten sich verstanden.

La Bouillabaisse

Aus »Chourmo«

Céleste kam aus der Küche und wischte sich die Hände an ihrer schwarzen Schürze ab, die sie erst auszog, wenn das Restaurant schloss. Céleste hatte noch gut drei Kilo zugelegt. Da, wo es am meisten auffällt. An der Brust und an den Hüften. Kaum sah man sie, bekam man schon Appetit.
Ihre Bouillabaisse war eine der besten in Marseille. Drachenkopf, Rotbarsch, Meeraal, Petersfisch, Seeteufel, Petermännchen, Meerbarbe, Rotbrasse, Knurrhahn, Wolfsbarsch … Dazu ein paar Krebse und gelegentlich eine Languste. Nur Felsenfische. Nicht wie bei so vielen anderen. Für die Rouille hatte sie ihr einzigartiges Geheimnis, Knoblauch und Pfeffer mit Kartoffeln und Seeigelfleisch zu verbinden. Aber die Bouillabaisse stand nie auf der Speisekarte. Man musste regelmäßig anrufen und fragen, wann sie eine kochte. Denn eine gute Bouillabaisse lohnte sich nur für mindestens sieben oder acht Personen, wenn sie möglichst viele Fischsorten in ausreichender Menge enthalten sollte. So genossen wir sie immer unter Freunden und Feinschmeckern.

Das Glück, das vom Himmel auf das Meer hinabsteigt

Aus »Aldebaran«

Das Licht lähmte die Stadt. Ein grelles Licht, fast grausam. Es drang in die dunklen, kühlen Straßen und Avenuen ein, in die schattigen Plätze und Kaffeeterrassen. Zu dieser Stunde wurden die Fensterläden zugezogen, um etwas Kühle zu bewahren. Abdul Aziz war bis zu diesem Moment herumgelaufen.

Stundenlang. Als ob das ziellose Laufen ihm helfen könnte, seinen Kopf von all den wirren, widersprüchlichen Gedanken zu befreien, die dort miteinander stritten. Die Bewegung tat ihm gut. Das war ihm seit langem nicht mehr passiert. Es zog in den Waden und im Bauch bis hin zu den Schultern. Er hätte glücklich sein können wie jeder andere, als er sich so durch Marseille treiben ließ, wäre da nicht in seinem Innern so viel Trauer gewesen, so viel Groll, Sorge und Wut. Er war vor dem Eingang zum Garten des Pharo gelandet. Er lächelte. Man konnte diese Stadt in allen Richtungen durchqueren, nie verlief man sich.

Er stieg eine der Alleen hinauf. Oben auf der Anhöhe umrundete er den ehemaligen Palast der Kaiserin Josephine. Er wusste nicht, wozu das Gebäude heute diente. Ehrlich gesagt war es ihm völlig egal. Er war wegen der Aussicht auf den Hafen und die Stadt hergekommen.

Er stieg wieder ein paar Meter hinunter, dann setzte er sich im Schatten eines massiven Lorbeerbaums ins Gras und ließ sich von der duftgeschwängerten Hitze der Luft durchfluten.

Vor ihm lag das Fort Saint-Jean, die ehemalige Komturei

des Ritterordens vom heiligen Johannes zu Jerusalem. Das Licht schien sich das Rosa seiner Steine schmecken zu lassen, es leckte an den kleinsten Unebenheiten mit der gleichen Lust und Leidenschaft wie an einem Himbeereis.
Unter ihm lag die damals strategische, schmale Hafeneinfahrt, durch die man in den Alten Hafen gelangt. Kaum hindurch, nahmen die Segelschiffe volle Fahrt auf die Reede. Mit den Augen folgte er einer der Fähren, die leer von den Frioul-Inseln und dem Château d'If zurückkehrten. Sie würde am Kai anlegen, vor der Canebière, die er kaum erkennen konnte.
Sein Blick schweifte vom Fort Saint-Jean leicht nach links zur Cathédrale de la Major, fälschlich als byzantinisch bezeichnet, bombastisch, grau und schwer, umgeben von so unwirklichen wie hässlichen Verkehrsadern. Dahinter erstreckte sich der Hafen vom Bassin de la Joliette bis nach L'Estaque. Seine Kräne und Gerüste schienen sich am Himmel festzuklammern. Es tat sich nicht viel. Als wenn die Hitze jede Bewegung im Keim erstickt hätte.
Weit, ganz hinten, außerhalb seines Blickfeldes und vergessen am Ende der Kais, war die *Aldebaran* Opfer dieser Starre. Aber das war nicht mehr wichtig. Von hier erschien ihm plötzlich alles belanglos. Er gab sich träge seinen Gedanken hin, ohne auch nur zu versuchen, sie in seinem Geiste in Worte zu fassen.
Er holte ein mitgebrachtes Sandwich mit Tomaten, Tunfisch und Oliven hervor und begann zu essen, wobei er darauf achtete, dass ihm das Öl nicht über die Finger lief. Kauend ließ er sich von dem einfachen, unbegreiflichen Glück durchfluten, das vom Himmel auf das Meer hinabsteigt.

Er öffnete eine Dose Bier und trank gierig. Warum eigentlich nicht? Was hatte er auf dem Meer verloren, weit von denen, die er liebte? Welcher Fluch hatte ihn eines Tages getroffen, ihn und so viele andere, die nur fern von allen Ufern einen Sinn im Leben fanden?

Im Hafenbecken La Grande Joliette begann die *Citerna 38* ihr Manöver. Langsam glitt sie am Digue Sainte-Marie entlang. Sie änderte den Kurs und richtete ihren Bug aufs offene Meer. Eine majestätische Bewegung, die dem Hafen und der ganzen wimmelnden Stadt ihre Gebärden und Farben verlieh. Ihr Durcheinander. Ihre Daseinsberechtigung. Sämtliche Fragen von Abdul Aziz lösten sich auf. Er stand auf.

Einige Meter weiter oben begegnete er einem eng umschlungenen Liebespaar auf einer Steinbank. Den Blick auf den Frachter geheftet. Hinter ihnen ragte die gewaltige Skulptur zu Ehren der auf See Gebliebenen auf. Zwei Männer. Einer vom anderen gestützt, der den Arm aufs Meer richtete. Abdul Aziz dachte flüchtig an Diamantis und sich selbst, dann lächelte er den beiden Liebenden im Vorübergehen zu. Sie schenkten ihm keinerlei Aufmerksamkeit. Ihr Blick war auf den Horizont gerichtet. Dorthin, wo Träume sterben und Tränen geboren werden.

Die Hafenfähre – kürzeste und schönste aller Reisen

Aus »Chourmo«

Draußen war wunderschönes Wetter. Ich hatte ganz vergessen, dass es die Sonne gab. Der Cours d'Estiennes-d'Orves war in ihrem Licht gebadet. Ich ließ mich von der sanften Hitze tragen. Die Hände in den Taschen ging ich bis zur Place aux Huiles. Am Alten Hafen.

Vom Wasser stieg ein strenger Geruch auf. Eine brackige Mischung aus Motorenöl und schmutzigem Salzwasser. Offen gestanden, es roch nicht besonders gut. Normalerweise hätte ich gesagt, es stank. Aber in diesem Moment tat mir der Geruch unendlich gut. Ein Glücksduft. Echt, menschlich. Als wenn Marseille mich in die Nase biss. Das »tuck-tuck« meines Boots kam mir in den Sinn. Ich sah mich beim Fischen auf dem Meer. Ich lächelte. Das Leben hatte mich wieder. Durch die einfachsten Dinge.

Die Fähre kam. Ich gönnte mir eine Hin- und Rückfahrkarte für die kürzeste und schönste aller Reisen. Einmal quer durch Marseille. Quai du Port – Quai de Rive-Neuve. Um diese Zeit fuhren nicht viele mit. Ein paar Alte. Eine Mutter, die ihrem Baby die Flasche gab. Ich überraschte mich mit der Melodie *Chella lla'* auf den Lippen. Ein altes, neapolitanisches Stück von Renato Carosone. Ich fand meine Bezugspunkte wieder. Mit den dazugehörigen Erinnerungen. Mein Vater hatte mich auf der Fähre ans Fenster gesetzt und gesagt: »Schau, Fabio. Schau nur. Das ist die Hafeneinfahrt. Siehst du. Fort Saint-Nicolas. Und dort, der Pharo-Park. Guck mal, und dahinter ist das Meer. Das große, weite Meer.« Ich spürte seine starken Hände unter den Achseln. Wie alt mochte ich gewesen sein? Sechs oder sieben, mehr nicht. In jener Nacht hatte ich davon geträumt, Seemann zu werden.

An der Place de la Mairie machten die Alten neuen Alten Platz. Die junge Mutter sah mich an, bevor sie von Bord ging. Ich lächelte ihr zu.

Eine Schülerin stieg zu. Von der Art, wie sie in Marseille mehr als anderswo aufblühen. Vater oder Mutter mochten von den Antillen sein. Lange, lockige Haare. Kleine, feste Brüste. Ein geblümter Rock. Sie bat mich um Feuer, weil ich sie angesehen hatte. Dabei warf sie mir einen ernsten Blick à la Lauren Bacall zu. Dann postierte sie sich auf der anderen Seite der Kabine. Ich kam nicht dazu, ihr zu danken. Für die Freude, die sie mir mit ihrem Blick gemacht hatte.

Beton in einer verzerrten Landschaft – die nördlichen Viertel

Aus »Chourmo«

Die Jungen spielten großartig. Mit Leib und Seele. Sie spielten zum Spaß. Um dazuzulernen und eines Tages die Besten zu sein. Der ziemlich neue Basketballplatz nahm einen Teil des Parkplatzes vor den beiden lang gestreckten Hochhäusern des Vorstadtviertels La Bigotte auf der Höhe von Notre-Dame-Limite ein, an der »Grenze« zwischen Marseille und Septème-les-Vallons. Eine der größten Neubausiedlungen im Norden der Stadt.

Hier ist nichts schlimmer als woanders. Oder besser. Beton in einer verzerrten Landschaft aus Stein und Kalk. Und dort unten links die Stadt. Weit weg. Hier ist alles weit weg. Nur das Elend nicht. Sogar die Wäsche, die zum Trocknen vor den Fenstern hängt, ist ein Beweis dafür. Obgleich in Wind und Sonne flatternd, wirkt sie immer farblos. Arbeitslosenwäsche eben. Aber im Gegensatz zu »denen da unten« hat man hier eine gute Aussicht. Prachtvoll. Die schönste in Marseille. Man braucht nur das Fenster zu öffnen und hat das ganze Meer für sich. Umsonst. Wenn man nichts hat, ist es viel, das Meer – dieses Mittelmeer – zu besitzen. Wie ein Kanten Brot für den Hungrigen.

Die Idee für den Basketballplatz kam von einem der Jungen, der OubaOuba genannt wurde. Nicht, weil er ein wilder Neger aus dem Senegal war, sondern weil er vor dem Korb flink wie ein Marsupilami springen konnte, oder fast. Ein wahrer Künstler.

»Wenn ich all diese Klapperkisten sehe, die den ganzen

Platz wegnehmen, könnte ich in die Luft gehen«, hatte er zu Lucien gesagt, einem eher sympathischen Vertreter des Sozialamtes. »Bei mir zu Hause ist ja auch nicht viel Platz. Aber diese Parkplätze, Scheiße ...!«

Die Idee war ihren Weg gegangen. Schließlich kam es unter den amüsierten Augen des Leiters der Stadtverwaltung, der gerade nicht im Wahlkampf stand, zwischen dem Bürgermeister und dem Abgeordneten zu einem regelrechten Wettrennen. Ich kann mich noch gut daran erinnern. Die Jungen warteten nicht einmal die offizielle Eröffnung ab, um »ihren« Platz in Beschlag zu nehmen. Er war noch gar nicht fertig. Das wurde er übrigens nie, und die dünne Asphaltschicht zerbröckelte jetzt an allen Ecken und Enden. Ich sah ihnen rauchend beim Spielen zu. Es war ein komisches Gefühl, wieder hier zu sein, in den nördlichen Vierteln. Das war mein Bezirk gewesen. Seit meiner Kündigung hatte ich keinen Fuß mehr hineingesetzt. Ich hatte keinen Grund, herzukommen. Weder hierher noch nach Bricarde, Solidarité, Savine oder Paternelle. Vorstädte, in denen nichts ist. Nichts zu sehen. Nichts zu tun. Nicht mal eine Cola kann man sich dort kaufen, wie in Plan d'Aou, wo wenigstens ein Lebensmittelladen mehr schlecht als recht überlebt hat.

Man musste schon hier wohnen oder Bulle oder Sozialarbeiter sein, um so weit hinauszukommen. Für die meisten Marseiller sind die nördlichen Viertel nur abstrakte Realität. Orte, die existieren, die man aber nicht gesehen hat und nie sehen wird. Die man nur aus dem Fernsehen kennt. Genauso wie die Bronx. Mit den dazugehörigen Wahnvorstellungen. Und den Ängsten.

Ich steckte mir eine neue Zigarette an. OubaOuba erzielte einen Treffer, der seine Kumpels sprachlos machte. Diese Jungen waren eine verdammt gute Mannschaft. Und ich konnte mich nicht entscheiden. Mir fehlte der Mut. Die Überzeugung, besser gesagt. Wie sah denn das aus, so bei den Leuten mit der Tür ins Haus zu fallen: »Guten Tag, ich heiße Fabio Montale. Ich bin gekommen, um den Jungen zu holen. Das hat jetzt schon zu lang gedauert. Du sei bloß still, deine Mutter macht sich schon genug Sorgen.« Nein, das konnte ich nicht tun.

Ich bemerkte eine bekannte Gestalt. Serge. Ich erkannte ihn an seinem linkischen, fast kindlichen Gang. Er kam aus Block D4 direkt vor mir. Er schien abgenommen zu haben. Ein dicker Bart wucherte auf der unteren Gesichtshälfte. Er überquerte die Straße Richtung Parkplatz. Die Hände in den Taschen einer Jeansjacke. Gebeugte Schultern. Der gute Serge wirkte eher traurig.

Ich hatte ihn seit zwei Jahren nicht mehr gesehen. Ich dachte sogar, er hätte Marseille verlassen. Nachdem er sich jahrelang für die Jugendlichen in den nördlichen Vierteln eingesetzt hatte, war er gefeuert worden. Daran war ich nicht ganz unschuldig. Wenn ich die Jungs wegen einer Dummheit einsammelte, rief ich ihn noch vor den Eltern aufs Kommissariat. Er klärte mich über ihre Familienverhältnisse auf und gab mir Ratschläge. Die Jungs waren sein Leben. Deswegen hatte er sich für diese Arbeit entschieden. Weil er es leid war, die Jugendlichen im Loch enden zu sehen. Zunächst mal vertraute er ihnen. Mit diesem Glauben an die Menschheit, den manche Priester haben. Für meinen Geschmack war er ein wenig zu sehr Priester. Wir mochten uns, waren aber keine Freunde geworden. Wegen dieses Hangs zum Priesterlichen. Ich habe nie an das Gute im Menschen geglaubt. Nur an das Recht auf Chancengleichheit.

Ich kam nicht mehr dazu, Serge zu fragen, was er dort zu suchen hatte. Ein schwarzer BMW mit verdunkelten Scheiben tauchte plötzlich aus dem Nichts auf. Er fuhr im Schritttempo, und so achtete Serge nicht darauf. Als er auf seiner Höhe war, erschien ein Arm im hinteren Fenster. Ein Arm mit einem Revolver in der Hand. Drei Schüsse aus nächster Nähe. Der BMW schwenkte herum und verschwand so schnell, wie er aufgetaucht war.

Serge sackte auf dem Asphalt zusammen. Tot, daran bestand kein Zweifel.

Les Goudes – hier ist man am Ende der Welt

Aus »Chourmo«

Es gibt nichts Angenehmeres, als morgens am Meer zu frühstücken, wenn man nichts zu tun hat.
Fonfon hatte dafür ein Anchovispüree zubereitet, das er gerade aus dem Ofen holte. Ich kam vom Fischen zurück, glücklich. Der Fang bestand aus einem kapitalen Seewolf, vier Goldbrassen und einem Dutzend Meeräschen. Das Anchovispüree machte mein Glück perfekt. Für mich war das Glück sowieso immer einfach gewesen.
Ich öffnete eine Flasche Rosé aus Saint-Cannat. Die Qualität der Roséweine aus der Provence begeisterte mich von Jahr zu Jahr mehr. Wir stießen an, um auf den Geschmack zu kommen. Dieser Wein aus der alten Komturei Bargemone war ein besonders edler Tropfen. Man schmeckte die sonnenüberfluteten, flachen Rebhänge der Gebirgskette Trévaresse förmlich unter der Zunge. Fonfon zwinkerte mir zu, dann machten wir uns daran, unsere Brotscheiben in das mit Pfeffer und gehacktem Knoblauch angemachte Anchovispüree zu tunken. Mein Magen erwachte beim ersten Bissen.
»Teufel, tut das gut!«
»Du sagst es.«
Mehr gab es nicht zu sagen. Jedes weitere Wort wäre zu viel gewesen. Wir aßen schweigend. Den Blick über dem Meer verloren. Ein schönes, tiefblaues, fast samtenes Herbstmeer. Ich konnte mich nicht satt daran sehen. Es überraschte mich jedes Mal, mit welcher Kraft es mich anzog. Der Ruf des Meeres. Aber ich war weder Seemann noch Reisender. Ich begnügte mich damit, mein flaches Fischerboot, das

Trémolino, hinter der Insel Maïre und der Inselgruppe Riou aufs offene Meer hinauszufahren und ein paar Stunden, umgeben von der Stille des Meeres, zu fischen. Etwas anderes hatte ich nicht mehr zu tun. Als fischen zu gehen, wenn es mich überkam. Und zwischen drei und vier Uhr nachmittags Karten zu spielen. Beim Pétanque die Aperitifs ausspielen.

Ein wohlgeordnetes Leben.

Manchmal machte ich einen Ausflug in die Calanques, die Buchten vor Marseille: Sormiou, Morgiou, Sugiton, En-Vau … Ich wanderte stundenlang, den Rucksack auf dem Buckel. Schwitzend und keuchend. Das hielt mich in Form. Es besänftigte meine Zweifel und Befürchtungen, meine Ängste. Ihre Schönheit brachte mich wieder in Einklang mit der Welt. Jedes Mal. Sie sind wirklich schön, die Calanques. Sie zu beschreiben, ist müßig, man muss sie gesehen haben. Aber man erreicht sie nur zu Fuß oder im Boot. Die Touristen überlegen es sich zweimal, und das ist gut so.

Fonfon stand mindestens ein Dutzend Mal auf, um seine Gäste zu bedienen. Typen wie ich, die regelmäßig kamen. Vor allem alte Leute. Sein Dickschädel hatte sie nicht vertreiben können. Nicht einmal, dass er die rechte Zeitung *Le Méridional* aus seiner Kneipe verbannt hatte. Nur *Le Provençal* und *La Marseillaise* waren zugelassen. Fonfon war früher aktives Mitglied der SFIO, der französischen Sozialisten, gewesen. Er war ein toleranter Mensch, aber so weit, Parolen der Front National zu akzeptieren, ging er nicht. Schon gar nicht bei ihm, in seiner Kneipe, in der nicht wenige politische Zusammenkünfte stattgefunden hatten. Einmal war »Gastounet«, wie sie den ehemaligen Bürgermeister Gaston Defferre unter sich nannten, sogar in Begleitung von Milou gekommen, um den radikalen Sozialisten die Hand zu schütteln. Das war 1981. Dann kam die Zeit der Desillusionen. Und der Verbitterung.

Eines Morgens hatte Fonfon das Porträt des Präsidenten der Republik, das über der Kaffeemaschine thronte, von der Wand gerissen und in seine große rote Plastikmülltonne gestopft. Man konnte das Geräusch von zerbrochenem Glas hören. Fonfon hatte hinter seiner Theke gestanden und uns einen nach dem anderen angesehen, aber keiner hatte aufgemuckt.

Dennoch hatte Fonfon sein Banner nicht niedergelegt. Er bekannte weiterhin Farbe. Fifi-mit-den-großen-Ohren, einer unserer Partner beim Kartenspiel, hatte letzte Woche versucht, ihm einzureden, dass der *Méridional* sich gewandelt habe. Immer noch eine Zeitung der Rechten, einverstanden, aber doch liberal. Außerdem seien die Lokalseiten im *Provençal* und im *Méridional* außerhalb Marseilles im ganzen Departement gleich. Also, was soll das Gerede …

Fast wären sie sich an die Kehle gegangen.

»He, eine Zeitung, deren Erfolg auf tödlicher Hetze gegen die Araber basiert – also mir kommt da die Galle hoch. Wenn ich so was nur sehe, möchte ich denen am liebsten den Hals umdrehen.«

»Großer Gott! Es hat ja keinen Sinn, mit dir zu reden.«

»Weil du Unsinn redest, mein Bester. He, ich hab nicht gegen die Boches gekämpft, um mir deinen Schwachsinn anzuhören.«

»Boing! Es geht wieder los«, bemerkte Momo und knallte eine Karo-Acht auf Fonfons Kreuz-Ass.

»Du bist nicht gefragt! Du hast mit dem Pack von Mussolini gekämpft! Sei froh, dass du mit uns an einem Tisch sitzen darfst!«

»Ich habe gewonnen«, sagte ich.

Aber es war zu spät. Momo hatte seine Karten hingeschmissen. »He! Ich kann auch woanders spielen.«

»Genau. Geh zu Lucien. Bei ihm sind die Karten blauweiß-rot, wie die Nationalfahne. Und der Pik-König trägt ein schwarzes Faschistenhemd.«

Momo war gegangen und hatte nie wieder einen Fuß in die Kneipe gesetzt. Aber er ging auch nicht zu Lucien. Er spielte nicht mehr mit uns Karten, und damit basta. Das war schade, denn wir mochten Momo gern. Aber Fonfon hatte Recht. Bloß weil man älter wurde, brauchte man nicht die Klappe zu halten. Mein Vater wäre genauso gewesen. Vielleicht noch schlimmer, denn er war Kommunist gewesen, und der Kommunismus war heute nur noch ein Haufen kalter Asche.

Fonfon kam mit einem Teller Brote zurück, die erst mit Knoblauch und dann mit frischen Tomaten eingerieben worden waren. Nur um den Gaumen zu besänftigen. Dazu fand der Rosé eine neue Daseinsberechtigung in unseren Gläsern.

Mit den ersten warmen Sonnenstrahlen erwachte der Hafen langsam zum Leben. Es herrschte nicht so ein lärmendes Durcheinander wie auf der Canebière. Nein, nur ein Gemurmel. Hier und da Stimmen oder Musik. Losfahrende Autos. Bootsmotoren, die angeworfen wurden. Und der erste Bus, der kam und die Schüler einsammelte.

Les Goudes, knapp eine halbe Stunde vom Stadtzentrum entfernt, war nach dem Sommer nur ein Dorf von sechs-

hundert Einwohnern. Seit ich vor gut zehn Jahren nach Marseille zurückgekehrt war, hatte ich mich nicht entscheiden können, irgendwo anders zu wohnen als hier, in Les Goudes. In einer kleinen Hütte – zwei Zimmer, Küche –, die ich von meinen Eltern geerbt hatte. Während meiner müßigen Stunden hatte ich sie mehr schlecht als recht wieder instand gesetzt. Es war alles andere als luxuriös, aber acht Stufen unter meiner Terrasse lagen das Meer und mein Boot. Und das war bestimmt besser als jede Hoffnung auf das Paradies im Jenseits.
Kaum zu glauben für jemanden, der noch nie hier draußen war, dass dieser kleine, sonnenverbrannte Hafen ein Stadtteil von Marseille ist. Der zweitgrößten Stadt Frankreichs. Hier ist man am Ende der Welt.

Quellennachweise

»Reise nach Marseille«. In: Jean-Jacques Jordi et Anne-Marie Lapillonne, *Marseille,* Guide Autrement. Copyright by Éditions Autrement, Paris 2002. Deutsche Erstveröffentlichung.

»Meine Stadt ist eine offene Tür«; »Zu spüren, wie Marseille unter der Zunge vibriert«; »Verdi neben Bob Marley«; »Wenn man das Meer hört«. Alle in: Jean-Claude Izzo (Textes), Daniel Mordzinski (Photographies), *Marseille.* Copyright by Éditions Hoëbeke, Paris 2000. Deutsche Erstveröffentlichung.

»Stadt des Lichts und des Windes«. In: Izzo/Mordzinski, s.o. Bereits erschienen unter dem Titel »Marseille, zwischen Licht und Meer«, in: *Die weite Reise. Mittelmeergeschichten,* hg. von Klaus Wagenbach. Verlag Klaus Wagenbach, Berlin 2002. Übernahme der Übersetzung mit freundlicher Genehmigung des Verlags Klaus Wagenbach.

»Vier Treffpunkte.« In: *L'Européen,* Paris 1999. Deutsche Erstveröffentlichung.

»Wo Izzo zu schreiben begann«. Artikel von Denis Bonneville, in: *La Marseillaise,* 27. Januar 2000. Copyright by Denis Bonneville. Deutsche Erstveröffentlichung.

Alle obigen Texte aus dem Französischen von Ronald Voullié

Aus den Romanen:

»Bei Hassan fühlte ich mich wohl«. In: *Solea,* Marseille-Trilogie III, Unionsverlag, Zürich 2001. Copyright bei Éditions Gallimard, Paris 1998.

»Er hatte nur ihre Adresse. Rue des Pistoles …« In: *Total Cheops,* Marseille-Trilogie I, Unionsverlag, Zürich 2000. Copyright by Éditions Gallimard, Paris 1995.

»Das Glück, das vom Himmel auf das Meer hinabsteigt«. In: *Aldebaran,* Unionsverlag, Zürich 2002. Copyright by Éditions Flammarion, Paris 1997.

»La Bouillabaisse«; »Die Hafenfähre – kürzeste und schönste aller Reisen«; »Beton in einer verzerrten Landschaft – die nördlichen Viertel«; »Les Goudes – hier ist man am Ende der Welt«. In: *Chourmo,* Marseille-Trilogie II, Unionsverlag, Zürich 2000. Copyright by Éditions Gallimard, Paris 1996.

Alle Romanauszüge aus dem Französischen von Katarina Grän und Ronald Voullié.

Die Titel der Beiträge in diesem Band stammen vom Verlag.

Jean-Claude Izzo

Jean-Claude Izzo, 1945 in Marseille geboren und ebendort im Januar 2000 gestorben, war lange Jahre Journalist. Nachdem er als Chefredakteur der Zeitschrift *Viva* aus politischen Gründen gefeuert wurde, begann er, Romane zu schreiben. Genauer: Kriminalromane. Ganz in der Tradition des französischen »Néo-Polar« von Jean Amila, Jean-Patrick Manchette oder Didier Daeninckx, also mit starkem politischem Akzent, als Teil einer literarischen Gegenöffentlichkeit. Izzo war schon fünfzig Jahre alt, als sein Erstling *Total Cheops* sofort ein Bestseller wurde. Nach dem dritten Roman um den »flic banlieu« Fabio Montale hat sich Izzo dauerhaft an der Spitze des französischen Kriminalromans etabliert.

Jacques Sassier, Gallimard

Gerade weil die Fabio-Montale-Romane »nur« Kriminalromane sein wollen, sind sie mehr oder anders als »nur« Kriminalromane. Ganz unter der Hand. Und deswegen ist es logisch, dass Izzo sich auch außerhalb des Genres bewegt: Mit den Romanen *Aldebaran* und der Lyrik-Sammlung *Loin de tous rivages* hat er sich als differenzierter Gegenwartsautor erwiesen.

Izzo, der ein autodidaktischer Schriftsteller ohne Diplome und akademische Titel ist, sieht solche Unterscheidungen gar nicht gern. Zwar versteht er sich selbst »in aller Bescheidenheit« als Schüler von Leonardo Sciascia, findet aber generell, dass »Lesen und Schreiben« die Vereinzelung überwinden und dass man mit Kriminalromanen die »komplexe Wirklichkeit« am besten in den Griff bekommen kann.

Bibliografie

Die Marseille-Trilogie: *Total Khéops* (1995; dt. *Total Cheops,* 2000); *Chourmo* (1996; dt. *Chourmo,* 2000); *Solea* (1998; dt. *Solea,* 2001).

Weiter Werke: *Cuisine exotique insolite* (1992); *Les marins perdus* (1997; dt. *Aldebaran,* 2002); *Loin de tous rivages* (1997); 13, *Passage Gachimpega 13000 Marseille* (1998); *Vivre fatigue* (1998); *L'aride des jours* (1999); *Le soleil des mourants* (1999). Texte u.a. in: *Marseille* (Guide, 1998); *Les vins de France* (1999).

Edwin Gantert

Edwin Gantert, geboren 1948, ist Buchhändler und Verlagsvertreter in Freiburg i. Br. Er reist regelmäßig nach Marseille.